. . .

GESPENSTISCHE WEIHNACHTS GESCHICHTEN AM KAMIN

Gesammelt von Vera Pagin
und Ursula Richter

Rowohlt Taschenbuch Verlag

Originalausgabe
Veröffentlicht im Rowohlt Taschenbuch Verlag GmbH,
Reinbek bei Hamburg, November 1998
Copyright © 1998 by
Rowohlt Taschenbuch Verlag GmbH,
Reinbek bei Hamburg
Alle Rechte vorbehalten
Umschlaggestaltung: C. Günther / W. Hellmann
Foto: FOTEX / COLOR BOX
Satz Bembo Postscript (PageOne)
Gesamtherstellung Clausen & Bosse, Leck
Printed in Germany
ISBN 3 499 22437 2

Vorbemerkung

«Nein, meine Freundin!
die Geister haben keine Gestalten;
jeder sieht sie mit den Augen seiner Seele
in bekannte Formen gekleidet.»

Johann Wolfgang Goethe

Weihnachten, und das heißt vor allem die geheimnisvolle
Nacht der Geburt des Herrn, Heiligabend, ist das schönste und größte Fest der Familie in Deutschland. Andere
Länder feiern andere Tage, den ersten Weihnachtstag
oder Nikolaus, Lichtmeß oder gar Thanksgiving, wenn es
um diesen einen einzigen Tag im Jahr geht, der ganz der
Familie gehört, der ohne Familie oder liebe, naheste-
hende Menschen trotz seines Anlasses leer wirkte, nicht
so ganz wirklich wäre.

Familienfeste sind die ältesten Feste der Menschheit –
und die schwierigsten. Daß in unserem Land das Fest der
Familie mit dem Fest der Liebe zusammenfällt, ja, dadurch sozusagen die mahnende Überschrift erhält, spricht
von Hoffnung und Realitätssinn zugleich.

Alle Feste sind Rituale, denn nur Rituale formen das
Flußbett, durch das so viele unterschiedliche Menschen,
wie es sie in einer Familie oder gar in einer Kultur gibt,
gemeinsam ihre Hoffnungen, Übereinstimmungen und
Differenzen, Enttäuschungen, ihre Träume, Ängste und
vor allem ihre sehr unterschiedlichen Vorstellungen von
einem Fest fließen lassen können.

Das einstmals streng reglementierte Ritual verwandelt
sich in der bürgerlichen Gesellschaft zur Tradition, die in

jeder Familie ihre eigene Ausprägung findet. Jeder Mensch weiß, wie die Tradition seines Weihnachtsfestes aussieht oder aussah. Lebendige Tradition aber ist nichts anderes als Erinnerung. Und Erinnerungen sind leider sowohl trügerisch wie auch individuell, sie sind erzählbar, aber nicht teilbar. Und die Wurzeln unserer persönlichen Tradition des Weihnachtsfestes sind tief in diesen Erinnerungen vergraben.

Wir alle haben jedes Jahr das große Bedürfnis, den Heiligabend als jenen Moment zu erfahren, den wir gestalten und wiedererkennen können. Jedes Jahr aufs neue erhoffen wir uns in der Familie die kurze Ewigkeit eines gemeinsamen Glücks. Ohne unser Bedürfnis, jedes Weihnachten etwas von kindlich erahnter Glückseligkeit zu erhaschen, gäbe es dieses Fest wohl schon nicht mehr.

Denn eines ist sicher: das einzige Fest, das wir bewußt traditionell gestalten, kann der Erwartung von Geborgenheit in festgefügter Tradition niemals entsprechen. Kein Weihnachtsfest ist wie das andere. Wir sprechen von Traditionen, wir träumen von einer Weihnacht, die für immer die Zeit anhält. Doch wir erleben, daß die Kinder größer werden und nicht mehr so leicht zu bezaubern sind, wir erleben, daß Familien auseinanderfallen, daß Eltern älter werden, daß die kleine Glasglocke der Glückseligkeit in dieser geheimnisvollen Nacht, so wie wir sie sehen, vielleicht nur in unserer Vorstellung existiert, daß Vorstellungen und Träume sich nicht mit dem Aufstellen eines Baumes greifbar ins Zimmer setzen lassen.

Und deshalb ist Weihnachten für die Erwachsenen vor allem das Fest der Erinnerung, das Fest der Gespenster: Gespenster vergangener Weihnachten, Gespenster der Menschen, die nicht mehr bei uns sind, Gespenster der Worte, die wir nie sagten, Gespenster unserer selbst, als wir noch jünger und ganz anders waren.

Weihnachten ist das Fest der Kinder − der Heiland wurde geboren. In der Geburt des Erlösers liegt für uns alle, die wir den Heiligabend feiern, eine unendliche Hoffnung: wieder staunen zu können, sich wieder aufgehoben zu fühlen, in diesem einzigen Familienfest wieder etwas von uns selbst zurückzuholen, was wir sonst kaum zu fordern wagen − ein Moment glücklicher Kindheit.

Gab es sie immer, diese glückliche Kindheit? War sie immer ganz ohne Schrecken, ohne die kleinen Gespenster, die schon Kinder ahnen lassen, daß der organisierte Anspruch des Festes auf Harmonie nicht ohne seine kleinen Schlagschatten ist? Und später, als Erwachsene, wie blicken wir zurück auf die Brüche und Risse in der verordneten Idylle? Im Zorn? Nein, der Zauber des Weihnachtsfestes besteht darin, daß es uns erlaubt, mit den Gespenstern der Vergangenheit Zwiesprache zu halten, uns mit ihnen zu versöhnen.

Denn in der Heiligen Nacht wird die Vergangenheit lebendig: das sind die Gespenster, über die in diesem Buch berichtet wird.

Niemand feiert Heiligabend allein. Die Gespenster der Erinnerung tanzen in jedem Kerzenlicht − gerade, wenn man allein ist, aber auch, wenn uns die Familie, die Lieben ganz nahe sind.

Gespenster sind keine vagen Gestalten in alten Bettlaken, Gespenster sind die Erinnerungen, die nur wir kennen. Gespenster sind die Leerstellen in unserem Leben, die kleinen und großen Löcher, die wir nicht mehr stopfen können, weil die Menschen, die sie gerissen haben, nicht mehr da sind, es sind die Löcher in der Wirklichkeit, in denen wir Ängste, Sorgen und Vorahnungen verbergen.

Und Gespenster sind unsere engsten Vertrauten, wenn

wir verbotenerweise auf die grotesken Seiten der Stillen Nacht stoßen.

Seit der Antike kennen wir sie, die Geister und Gespenster und Traumgesichter, Plinius d. J. fragt in einem Brief: «Ich möchte doch wissen, ob du glaubst, daß es Gespenster gibt, daß sie eine eigene Gestalt besitzen und eine Art Macht oder daß das nichts als leere, eitle Wahngebilde sind, die nur durch unsere Furchtsamkeit eine Art Ansehen annehmen können. [...] Das Thema ist es wert, daß du ihm langes und gründliches Nachdenken widmest [...] aber dann fälle, bitte, eine klare Entscheidung, damit ich nicht in Unruhe und Ungewißheit hängen bleibe!»

Es gibt keine Gespenster, die wir fürchten müßten, außer denen, die wir *nicht* sehen wollen, das wissen wir inzwischen. Augustinus hat hervorragend den Bogen geschlagen zwischen dem frühen Glauben, daß nicht Bestattete, zu früh Gestorbene und gewaltsam ums Leben Gekommene spuken müßten, zu der Einsicht, daß jeder, der eine Seele hat, ewig lebt und wiederkehrt (palingenesia), im Christentum.

Alle Erzählungen in diesem Band entstanden im Verlauf von Seminaren zum *Literarischen Schreiben* an der *Universität des Dritten Lebensalters an der J. W. Goethe-Universität in Frankfurt.*

Mit Kraft und Ironie, mit Wut und Phantasie, vor allem aber mit Staunen, Trauer und Nostalgie lassen die Autoren uns an Weihnachtsfesten teilnehmen, in denen die Gespenster die wahren Geschichten erzählen. Selten hat sicher eine Reihe von Erzählungen über die Schrekken und Sehnsüchte des Christfestes so eindringlich *für* dies Fest und seine Botschaft plädiert.

Lassen wir sie herein, die Weihnachtsgespenster!

Sie lesen von den kleinen und den größeren Ängsten in der Weihnachtsnacht, die im Rahmen des Festes nicht mitteilbar sind und es doch prägen. Sie lesen davon, daß gerade das traditionelle Essen sich nicht ohne Erinnerungen, also Gespenster, herstellen läßt oder auch, warum es nicht mehr gekocht wird. Sie lesen davon, daß der Weihnachtsbaum nicht nur schön ist, sondern auch Gefahren birgt, gespenstischer Widerstand sein kann. Sie lesen davon, wie Bösartigkeiten zu lästigen Gespenstern werden und daß auch Sorgen und Ahnungen das Fest besetzen können wie ein gespenstischer, uneingeladener Gast. Sie lesen, wie die gierige Neugier der Kinder auch zum Gespenst werden kann oder wie gespenstische Erfahrung zum religiösen Erlebnis wird. Sie lesen, daß die deutsche Geschichte vor fünfzig Jahren mehr als genug Gespenster aufgeboten hat, solche, die Kinder für immer verfolgen, bis zu jenen, die nach dem Krieg als Weihnachtserinnerungen zur Erlösung wurden. Und Sie lesen davon, daß fast alles, was in der Heiligen Nacht geschieht, die Kraft einer ewigen Erinnerung erlangen kann, die Kraft des Symbols. Und Sie werden den vielen Eltern und Großeltern und Urgroßeltern begegnen, die – genaugenommen – bei jedem traditionellen Familienfest dabeisein müßten im Gedächtnis ihrer Kinder und Kindeskinder, als wohlwollende Betrachter unserer Versuche zu leben, unserer Sehnsucht.

Es sind Alltagserzählungen, Berichte, die auf ihre ganz besondere Weise uns vor allem an eines erinnern: die Heilige Nacht ist eine Nacht des Wunders.

Weihnachten ist, wie gesagt, das Fest der Familie, das Fest der Liebe. Zu seinen Widersprüchlichkeiten gehört, daß an keinem Abend des Jahres die Abschottung des Privaten gegen die Welt so rigoros geboten scheint: jeder, der je eine verlassene Straße entlangging und die erleuchteten Fenster sah, kennt dieses erstaunliche Gefühl des Ausgestoßenseins gerade an diesem Abend.

Den Autoren dieses Bandes ist Erstaunliches gelungen: Sie öffnen die Türen und Tore und die Fenster. Und ihre Berichte, ihre Phantasien und Wünsche sind spannend, denn nicht das Unbekannte ist geheimnisvoll, sondern das allzu Bekannte.

In jedem Familienritual, vor allem also Heiligabend, werden alle Teilnehmer ihre Gespenster einbringen, ihre Erinnerungen, ihre Hoffnungen. Genießen Sie sie. Gespenster sind Freunde. Laden Sie sie ein, lassen Sie sie erzählen.

Fröhliche Weihnachten wünsche ich Ihnen, voller Geschichten und voller Gespenster, mit denen Sie anstoßen sollten: Sie sind die Wächter der Tradition, sie sind die Geschichtsschreiber Ihres Lebens.

Und es sind die Gespenster, die uns oftmals als einzige leicht bei der Schulter nehmen, um uns daran zu erinnern, daß das Fest Christi Geburt ursprünglich ein Fest des Schreckens, des Unglaubens, des Staunens und der nur allmählichen Zuversicht ist, damit auch wir erhoffen, was auf dem Feld vor Bethlehem nicht greifbar, nur erahnbar war.

Vera Pagin

. . . .

Baumgespenster

Es muß endlich mal ganz deutlich gesagt werden: so geht das nicht mehr weiter. Felidae in aller Welt, vereinigt euch! Zerstört endlich das, was die Zweibeiner *Weihnachtsbaum* nennen! Das soll unsere Rache dafür sein, daß sie uns unsere Ruhe nehmen an den Tagen, die sie, diese Ausgeburten von Ruhelosigkeit und Streß, ihr *Fest der Liebe* nennen.

Ist das etwa Katzenliebe? Ihr alle wißt es doch, wie es anfängt, jedes Jahr wieder. Die hübschen Kunstwolken an den Fenstern werden mit neuer weißer Farbe versehen, obwohl das dem Schönheitsempfinden von uns Katzen überhaupt nicht entspricht. Dann wird der Smell des Hauses (um mich modern auszudrücken) völlig verändert, und im Hauptraum unseres Reviers werden alle Basisgeruchsecken verschoben. Wie soll man sich da noch zurechtfinden, und besonders denke ich da an unsere alten Felidae-Herrschaften mit empfindlichen Schmerzschultern und leicht getrübten Bernsteinlinsen. All die schönen Terrassengerüche an den Sommerpalmen sind nicht mehr. Es ist zum Maunzen.

Aber dann das Ungeheuerlichste: an einem Morgen, den meine Zweibeiner ungeschickterweise *Heiligen Abend* nennen, holen sie es ins Haus, dieses entsetzliche Gespenst. Schon Tage vorher wußte man als erfahrenes Mitglied seiner Gattung, daß bald etwas passieren wird, denn auf den Terrassen der Reviere sahen der aufmerksame Kater und die intelligente Kätzin bei abendlichen Ausgängen dunkle Ungetüme liegen. Alle Fauch- und Kratz-versuche haben das Gespenst nicht verscheuchen können.

Einen toten, harzigen Baum stellen die Menschmänner und -frauen an diesem Tage mitten hinein in unser Revier! Sie hängen goldenes oder silbernes Heu an die Zweige, locken unsere Aufmerksamkeit mit bunten Vögeln und runden Bällen in den Zweigen des armen Baumtoten. Und dann geben sie ihm noch Feuer! Uns haben sie seit unserer frühesten Katzenkindheit beizubringen versucht, uns von Feuer fernzuhalten. Und an diesem Tag, wenn es dunkel wird und unsere Bernstein-linsen sich weiten, quälen sie uns mit hellen Feuerlichtern auf der Baumleiche. Gegen die Töne, die sie dann her-ausbringen, wäre der Begriff Katzenmusik noch sehr hoch angesetzt. Die Ohren tun einem Felis davon weh.

Seid klug, Katzengenossen und -genossinnen! Verzieht euch, so schnell es eure Pfoten zulassen, ab in die unteren Gemächer oder in eure geheimen Fluchtecken, damit diese dummen Menschen viel Zeit damit verbringen müssen, euch zu suchen. Denn sonst sind sie ja nicht sicher, daß ihrem Gespenst nicht doch etwas Schlimmes passiert. Mutige starke Katzenmänner sind aber aufgefordert, ihre Familien zu schützen, indem sie die Baumge-spenster vor der Feuermache-Zeit mit einem kühnen Sprung in die oberen Zweige zu Fall bringen. Denn sonst könnte Ihnen allen passieren, was mir in diesem Jahr passiert ist, und erlauben Sie einer sonst sehr erfahrenen Felis tigra zum Schluß diesen persönlichen Beitrag: Meine siebzehnjährigen Augen sind nicht mehr die hellsten, und Gras ist etwas, was ich nicht stehen lassen kann. Ich ver-wechselte das goldene Heu unseres Gespenstes mit Gras und habe einige Stunden mit dem ungewohnten Ge-wicht in meinem Magen gekämpft, bis mir aufging, daß ich wieder einmal auf die ganze Schau hereingefallen war.

GESPENSTER

Am Weihnachtstag fuhr die eben pensionierte wissen-
schaftliche Zeichnerin in das verschneite Bergland. Dreißig Jahre lang war sie die Dokumentarin zellkerniger
Hohlsäume, kachelartiger Felder, gitterbildender Faser-
netze und bürstenbewimperter Labyrinthe gewesen. Ausgerüstet mit den genauesten Geräten, drang sie in die
wunderbar vielfältige Feinteiligkeit des Menschen vor,
zeichnete sie auf und bebilderte die Forschungsberichte
und die Standardwerke. Allmählich hatte sie den Bauplan
zu lesen gelernt und sah, wie sich in der alltäglichen
Struktur der leblosen Dinge um sie herum die verborge-
nen Prinzipien, Muster und Schemata alles Gewordenen
wiederholten. Für das Sichtbare wußte sie eine mikrosko-
pische Entsprechung irgendwo im Organismus zu finden.
Selbst im zufälligen Beieinander nicht zusammengehö-
render Elemente kristallisierte ihr geschulter Blick ein Sy-
stem von Anordnung heraus.
Ruhe und Entspannung fanden ihre ständig übermü-
deten Augen nur in der köstlich eindeutigen Leere des
Einfarbigen. Im Museum überließ sie sich den Farbfeld-
malern, und wenn eine Fläche von leuchtendem Rot
oder kosmischem Blau vor der Leinwand zu schweben
begann und sie glücklich war, dachte sie an die Stäbchen
und Zäpfchen, die dieses Wunder vollbrachten. Ärgerlich
eilte sie dann nach Hause. Alles Mobiliar, die Vorhänge,
Teppiche und selbst die Bilder in ihrer Wohnung waren
weiß, und die Bücher standen mit den bunten Rücken

zur Wand in den Regalen. Früher hatte sie noch viel gelesen, doch mit zunehmendem Alter vertanzten die
Buchstaben der Seiten immer mehr.

Nun kehrte sie also zurück, in das hoch zwischen den
Bergen gelegene Tal, aus dem sie vor dreißig Jahren ausgezogen war. Sie wußte nicht, warum es sie nach so langer Zeit hierher zog. Sonst hatte sie stets die Abzweigung
übersehen, wenn sie wie jedes Jahr an Weihnachten in
ihren Heimatort fuhr. Doch dieses Mal hatte eine seltsame Unruhe sie getrieben, von der Hauptstraße abzu-
biegen. Bald hatte sie die Schneeketten aufziehen müssen, um nicht in die Bronchienbäume und Drüsenbüsche
zu rutschen, die den Wegrand säumten.

Sie erinnerte sich noch genau an die Scharte. Wie
eine felsige Pforte mit riesengesichtigen Granitprofilen
tauchte sie am Horizont auf. Dort endete auch der Forst-
weg. Sie stieg aus, zog die warmen Stiefel an, schulterte
den Rucksack und ging über die eisige Schwelle. Ausgebreitet zwischen den nebelverhangenen, grauen Felska-
thedralen lag sie vor ihr, die gleichmütige weiße Einöde.

Unser Garten ist heut ein Nebelland, geschichtet wie
mein Tagebuch, dachte sie, holte es hervor und schlug es
auf. Drei Jahrzehnte lang hatte sie Tag für Tag nur das Da-
tum mit einem weißen Farbstift vermerkt. Die Kette an-
einandergereihter, fast unwirklicher Datenglieder war auf
der letzten Seite angekommen.

Sie blätterte zurück zu den ältesten Aufzeichnungs-
schichten, die noch vom Suchen und Finden handelten,
und dachte: Ausgerüstet mit Feder, Pinsel und Wasser-
farben, mit Botanisiertrommel und Bestimmungsbuch
lagen wir dort im Grase, wir sprachen über Schneeheide
und Silberdistel, über Frauenschuh und Knabenkraut,
wir sprachen von unserem gemeinsam geplanten Buch
der heimischen Alpenpflanzen, wir sprachen von uns. Ich

malte das große und das kleine Wiesenstück, und du wußtest, wo die seltensten Blumen wuchsen.

Sie blätterte und sah noch einmal, wie er von der Felsplatte stürzte. Es war die schwarze Edelraute, die dir widerstand, dachte sie.

Einst hatte sie das Tagebuch begonnen mit den Worten *Auszug ins Freie*, und jetzt schrieb sie, wie am Anfang in blauer Schrift, die gleichen Worte auf die letzte Seite.

«Komm», sagte er, «bis zur Hütte ist es noch weit», nahm sie bei der Hand, und zusammen gingen sie in die kalte weiße Wüste. Es dämmerte, und es begann zu schneien. Aus den Wolkendünen wanderten eishelle Kristalle aus und verwischten mild und leise jede Spur.

. . . .

Es ist für uns eine Zeit angekommen

«Es ist für uns eine Zeit angekommen», ein Lied ist es, ein Adventslied, das eine Erinnerung weckt an eine Weihnachtszeit in einem Jahr, das von Chaos geprägt ist – Kriegsende.

«Die bringt uns eine große Freud'.» Nichts ist geordnet, nicht einmal in unserem Dorf. Welche Freud' bringt sie uns, fragen wir.

Heute ist der Heilige Abend. Die Eltern haben uns Kinder an die Hand genommen, und singend machen wir uns auf den Weg zu den Großeltern. Das ist Tradition. Über den Roten Berg wandern wir. Die Eltern haben kleine Geschenke und etwas zu essen mitgenommen. Jeder muß etwas zum Fest beitragen, denn das Leben ist karg. «Essen und Trinken ist wichtig», sagte Vater, denn er liebte es zu essen, «aber wichtiger ist es, am Heiligen Abend zusammenzusein. Es ist böse, wenn man an diesem Tag keine Familie hat», wobei er mit böse eigentlich traurig, hoffnungslos meinte. «Man ist so bitter allein.»

Schneefall hatte eingesetzt, und da sehe ich sie wieder, den Juri und sein Pferd Goda, unzertrennlich. Ein Mann und sein Pferd, sein größter Besitz. Juri gehörte nicht in unser Dorf, oder sagen wir, er kam nicht aus unserem Dorf. Eines Tages war er da. Menschen wurden angeschwemmt von irgendwoher, wie eine Fracht, die zwar registriert wurde, die man aber nicht gebrauchen konnte, die überflüssig war. Niemand wußte so recht, woher jemand kam, wer er wirklich war. «Er ist schweigsam und stolz», sagte Vater, «er kommt aus Polen, sagen die einen, aus Masuren, die anderen.» Wichtig war das nicht. Die Zeit nach dem Krieg war voller Unordnung. Ein Fremder war er allemal, und die hatten es nicht leicht in unserem Dorf, wo soviel Selbstgerechtigkeit herrschte, soviel Selbstherrlichkeit hinter steinernen Fassaden. Besitz macht unangreifbar. Hier war man gut davongekommen.

Der Mann mit dem Pferd war jetzt nahe an uns herangekommen und hob grüßend die Hand. Der Schnee war hoch genug, und so hatte er den großen, flachen Schlitten angespannt, dessen Vorderteil wie ein Widderhorn nach oben geschwungen war. «Hü», sagte er, und der Schlitten glitt leicht durch den festen Schnee. «Knecht Ruprecht», sagte Lore und hatte leuchtende Augen.

Vater blieb nachdenklich stehen und schaute dem Schlitten nach, bis das Schneetreiben Pferd und Kutsche aufgenommen hatte. «Wie es unserem Heiner wohl ergehen mag?» sagte er leise. «Heiner und die anderen», erwiderte Mutter, «es sind noch so viele aus dem Dorf, die fehlen. Jetzt sind die anderen da, die Fremden, die Entwurzelten.»

«Er konnte nicht schwimmen», sagte Vater, «und der Fluß ist breit. Ich habe es auf der Landkarte gesehen.» Dann schwieg man wieder.

Die Flocken wurden dichter, und es dämmerte. Von St. Lambertus hörte man jetzt die Glocken läuten.

Die Großeltern standen zu unserem Erstaunen in ihren Mänteln vor ihrem Haus, zum Kirchgang bereit. Ungewohnt feierlich sahen sie aus. Großmutter hatte noch einen dicken Schal um den Kopf geschlungen. «Ik denke, wi süllt allehope tau Christmette», sagte Großmutter und sah Vater fest an. «De Pastor hat e schreeben, dat hei woll hüte 'n paar Wör seggen well. Et is wejen use Heinrich.» Verlegen sagte sie es fast, um damit den Entschluß zum

Kirchgang zu begründen, der so lange nicht erfolgt war. «Ob Anna woll ohk kummet?» fragte sie bang.

Anna und sie waren Freundinnen aus Kindertagen. Kurz vor Kriegsende erhielten beide fast gleichzeitig die Nachricht, daß ihre Söhne vermißt seien. Heinrich, Vaters Bruder, und Otto, Annas einziger Sohn. Verschollen in den Weiten Rußlands.

Ich hatte Großmutter nie weinen sehen, nie klagen gehört. Gefühle wurden nicht gezeigt, schon gar nicht vor den Kindern. «Köre nich», sagte Großvater harsch, wenn doch schon mal ein Wort über ihre Lippen wollte, «Vermißt ist nicht tot.»

Dann eines Tages war sie heimlich zur alten Storchmann gegangen, Anna hatte sie überredet, an einer Sitzung der Alten teilzunehmen, die durch Bibelbefragung das Schicksal der Söhne klären könnte. Sie hatte mich in das abgedunkelte Zimmer mitgenommen, wo eine große Bibel und ein mächtiger Hausschlüssel dazu dienten, über Leben und Tod zu entscheiden. Bei Annas Schicksalsfrage verhieß die Bibel Leben. Gefangenschaft zwar, aber Leben. Anna war erleichtert, ja, glücklich fast. Bei der Frage nach Heiners Verbleib bewegte sich nichts. «Hei is op de Walze», sagte die alte Storchmann, was heißen sollte, er sei unterwegs, auf dem Weg nach Hause. «Freust du dich?» hatte ich Großmutter gefragt, als wir auf dem Heimweg waren. «Er muß schon sehr lange unterwegs sein», sagte sie ernst, «und irgendwann ist jeder Weg zu Ende.»

«Macht hoch die Tür, die Tor macht weit», die Orgel dröhnte durch die kleine Dorfkirche, und die Menschen strömten herein. Eng würde es werden. Alle wußten, daß der Pfarrer heute die Söhne des Dorfes ehren wollte. Die, die für immer fortblieben, und die, die den Weg noch nicht zurückgefunden hatten, vermißt waren. Und fast alle hatten sie heute am Heiligen Abend den Weg in die Kirche gefunden, einem Ort, den sie sonst das ganze Jahr über mieden. Heute gab es keine Sitzordnung. Heute wurden die Kirchenbänke nicht nach Besitz und Stand verteilt. Heute saß der Fremde, der neu Zugezogene neben dem Einheimischen, der Tagelöhner neben dem Großbauern, und die, die der Gnade des Herrn besonders bedurften, neben denen, die man für wohlanständig hielt. Diese Zeit ließ keine Unterschiede zu.

Großmutter setzte sich und blickte suchend durch den Kirchenraum. Sie entdeckte viele, die sie lange nicht gesehen hatte, stolze Gesichter, vom Leid gezeichnete, Gesichter, die keine Regung zeigten, und solche, die überrascht waren, sie in der Kirche zu sehen. Anna jedoch sah sie nicht.

Nach dem Lukas-Evangelium wurden alle Lichter gelöscht. Nur die Kerzen an der wohlgewachsenen, hohen Fichte vor dem Altar erstrahlten. Leise setzte die Orgel ein, während der Pfarrer mit gedämpfter Stimme die Namen der Gefallenen aufrief. Verhaltenes Schluchzen war hier und da zu hören und ein Schneuzen.

Dann begann er mit der Verlesung der Vermißten: «Heinrich Dill», Großmutter zuckte zusammen, aufrecht saß sie und zitternd vor Anstrengung, nicht zu weinen. Ihre Hände zupften heftig am Taschentuch, und Schweißperlen standen auf ihren Nasenflügeln. Aber sie blieb wie eine Ikone, stumm.

«Otto Schaper.» Ein Schrei, todwund und verzweifelt hallte durch den Raum, übersprang die geduckten Köpfe und erstickte schließlich in den dicken, feuchten Wintermänteln der Kirchenbesucher.

«Er ist tot. Ich weiß es! Ich weiß es!»

«Anna», sagte Großmutter leise. Vater legte behutsam seinen Arm um ihre Schulter. Sie weinte.

· · · · · · · · · · · · · · · · · · · ·

Ich zünde eine Kerze an

Klirrende Kälte herrschte an diesem 24. Dezember. Letzte kleine Einkäufe sind noch zu erledigen. Nach einem Gang durch die Innenstadt mit ihrem Lärm und den vielen Menschen zieht es mich in die Liebfrauenkirche, eine der ältesten Kirchen Frankfurts. Die Stille dort ist ein wunderbarer Kontrast. Es ist ein Ort der Kontemplation.

Leise betrete ich das Kirchenschiff, bleibe vor dem heiligen Antonius stehen, der besonders hilfreich bei Vergeßlichkeit sein soll, und gehe dann weiter zu Maria, die liebevoll auf mich herabzuschauen scheint. Da spricht mich ein älterer Mann an, schlecht gekleidet ist er, sein Gesicht wettergegerbt, nur seine Augen haben ihren jugendlichen Glanz nicht verloren. Hätte er eine Mönchskutte angehabt, könnte er in meiner Vorstellung einer der hier noch lebenden Kapuziner sein.

«Ich ded ja ach gern a Kerz astecke, awwer heut war en schlechte Tag; es is halt so kalt und da kann ich net so lang drauße sitze.»

«Kommen Sie öfters hierher?» will ich wissen.

«Ja, jeden Tag. Un die Maria guckt mich manchmal a, als ob se mich verstehe ded. Wer guckt mich sonst schon a? All renne se an mer vorbei, wenn ich da an der Eck sitz. Die hawe all ka Zeit. Zeit ist das anzige, was ich hab, so is des.»

Ich zünde eine Kerze an und reiche sie dem Fremden. Er bedankt sich höflich und stellt sie auf den kleinen Altar. Während er noch Zwiesprache mit Maria zu halten scheint, gehe ich leise hinaus.

Zu Hause gibt es noch einige Vorbereitungen für den Abend zu treffen; an die Begegnung mit dem alten Mann denke ich nicht mehr. Erst spät am Abend fällt sie mir wieder ein, als die Gäste gegangen und die Kinder im Bett sind. Ich zünde eine Kerze an und will bei einem Glas Wein den Abend ausklingen lassen. Der Mann in der Kirche: hätte ich ihn nicht teilnehmen lassen können an diesem festlichen Abend, ihm für ein paar Stunden einen warmen Platz geben können? Ein leises Geräusch, als ob jemand eine Tür ganz sachte aufmachen würde, unterbricht die Stille. «Ich wär gar net gekomme», höre ich wie von fern seine Stimme. «Ich hät da net neigepaßt, wisse se, ich hät aach net dazugehört. Und dann sin da noch die Erinnerungen. Ich hat ja aach emal Kinner, na, na, ich feier ka Weinachte mehr.»

Das Kerzenlicht hat auf einmal seinen festlichen Glanz verloren, es wirft dunkle Schatten.

Nach den Feiertagen lese ich im Lokalteil einer Zeitung, daß einige Frankfurter Kirchen in der Innenstadt nun wegen der strengen Kälte nachts geöffnet seien, für die Menschen, die keine Bleibe haben. Für einen sei dieses Angebot jedoch zu spät gekommen.

Mitternächtlicher Besuch

Diesen 24. Dezember werde ich nie vergessen, denn um Mitternacht geschah etwas, das meinem Mann und mir eine Gänsehaut über den Rücken jagte. Nach der Christmette um siebzehn Uhr war der Abend im Kreis der Familie harmonisch und fröhlich verlaufen. Es hatte keine Spannungen gegeben, so waren auch die «Friede, Friede»-Ermahnungen ausgeblieben. Als sich alle verabschiedet oder zurückgezogen hatten, saßen wir noch bei einem Glas Wein zusammen, die letzte Kerze am Baum flackerte ihrem Ende zu, auch das Kaminfeuer verglühte allmählich.

Wir ließen den Abend mit einem Orgelkonzert von Bach ausklingen. Es war eine Tonbandaufnahme, die mein Mann aus seinem großen Fundus herausgesucht hatte. Gerade endete die Toccata und Fuge mit ihrem gewaltigen Akkord, da begann ein neues Konzert: unsere vielen Uhren schlugen zur Mitternacht mit zwölf Schlägen in hellen, dunklen, schnellen oder langsamen Tonfolgen, je nach Größe der Uhr. Dann kam Stille über uns, himmlische Ruhe, nur das leise Surren des noch laufenden Tonbandes war zu hören. Mein Mann wollte es gerade abstellen, als plötzlich eine Stimme ertönte, die ihn und mich zusammenzucken ließ. «Maria sitzt im Rosenhag und wiegt ihr Jesuskindelein», sang eine zittrige, alte Stimme, ganz langsam und innig.

Seine Mutter war zurückgekommen aus dem Reich der Toten, wie sie es immer angekündigt hatte. Nicht nur ihre Stimme, sie selbst war da. Wir sahen sie in ihrem Sessel sitzen, wo sie als Hochbetagte, schon damals eher einem Gespenst gleichend, die Wärme des Feuers gesucht hatte. Aber sie hatte gesungen, und nun sang sie weiter: «Schlaf Kindlein süße, schlafe nur ein». Da löste sich unsere Erstarrung, wir waren ihr beim Zuhören ganz nah, ein Hauch von Ewigkeit hatte uns berührt.

Teufelsbraten

Ein Duft aus längst vergangenen Zeiten gesellt sich zu dem meines Espressos zum Ausklang des rundum schönen Heiligen Abends: *Chypre*, der einzige Luxus, den sich meine Mutter gönnte, ein sündhaft teures Parfüm.

Aha, meine Mutter erscheint als Geist. *Die Kleine Nachtmusik*, dein Lieblingsstück, hat dich wohl angelockt? Oder sind es die Rindswürstchen mit Kartoffelsalat, die ich immer an diesem Abend zu Ehren deines Andenkens bereite? Es ist noch etwas für dich übrig. Zigaretten kann ich dir leider nicht anbieten. Ich rauche nicht mehr. Oder paßt es dir nicht, daß ich angefangen habe, dein Heiligenstandbild etwas zu demontieren? Das machte dir schon zu Lebzeiten Sorgen, als dein Sohn damit in seiner Therapie anfing. Du drohtest dem Psychoanalytiker, ihn anzuzeigen.

Ich bin jedenfalls froh, daß du da bist. Du kommst mir wie gerufen. Gut siehst du aus. Wie nach dem Krieg, in deiner *Femme-fatale*-Zeit. Wenn du dein volles braunes Haar nicht in einem strengen Knoten getragen hättest, wer weiß, ob man dir die Rolle der standhaften Kriegerwitwe abgenommen hätte.

Ich bewirte meinen überirdischen Gast auf meinem besten Geschirr, dem Erbe meiner Mutter, den Rest des süffigen Weins im letzten Glas ihres zwölfteiligen Hochzeitsgeschenks, bevor ich meine Rede fortsetze.

Wir sind noch lange nicht quitt, wir beide. Es war gar nicht nett von dir, dich aus dem Staub zu machen, bevor

ich mit dir abrechnen konnte. Wenn ich dir Kummer gemacht habe, dann war das nicht zuletzt auch deine Schuld.
Natürlich weiß ich heute, daß dich die äußeren Um-
stände veranlaßten, so zu handeln, wie du es tatest, und
ich kann deine Handlungsweisen entschuldigen. Als unser Vater an der Front umkam, drehtest du durch und den
Gashahn auf. Wir wurden gerettet, und du mußtest die
Verantwortung für die Familie allein tragen. Das war das
zweite Mal, daß du mich an die Großeltern abgabst, obwohl ich schon beim ersten Mal Anzeichen von seelischer
Verwirrung hatte erkennen lassen, als ich dich, meine
eigene Mutter, nach kurzer Zeit nicht wiedererkannte.
Damals muß ich etwa zwei bis drei Jahre alt gewesen sein.
Diesmal war ich zwischen fünf und sechs. Und mein Papa
fehlte mir auch. Wie sehr ich ihn geliebt haben muß,
kann ich ahnen, wenn ich mir ein Foto aus dieser Zeit an-
schaue: In der Mitte Papa, hockend, in Uniform, rechts
von ihm sein Sohn mit Blick auf seine Mutti hinter der
Kamera, links vom Beschauer aus ich, die, mit Papas Sol-
datenschiffchen auf dem Kopf, ihn stolz und glücklich betrachtet, froh, ihn endlich wieder bei sich zu haben. Das
muß sein letzter Heimaturlaub gewesen sein. Wahrscheinlich Ostern einundvierzig. Als du dann 1944 mit
deiner Schule in die Provinz evakuiert wurdest und nur
ein Zimmer bekamst, wer wurde wieder abgeschoben?
Nicht mein Bruder, sondern ich. Der arme Junge würde
das ja nicht verkraften. Aber deine Tochter war schon darauf konditioniert, die Starke zu sein, die kein Heimweh
kennt. Meine nervösen Ticks, Herzfehler, Nieren- und
Ohrengeschichten verschwanden irgendwann oder wurden wegoperiert, aber die seelischen Narben machen mir
heute noch zu schaffen.

Du mußtest deinen Mann stehen und wurdest immer
selbstbewußter und bestimmender. Du wußtest so lange

besser, was gut für mich sei, bis mein eigener Wille, meine eigenen Wünsche verlorengingen.

Alle Welt bewunderte und liebte dich. Deine Energie kannte keine Grenzen. Haushalt und Beruf hattest du gleichermaßen voll im Griff. Ich kam mir dagegen zunehmend unbedeutender und nichtssagender vor. Warum sollte ich für die Schule Aufsätze schreiben, mir Kleider nähen oder kochen lernen, wenn du das viel besser konntest?

Einige der Schüler, die uns das Haus einrannten, beschäftigten nicht wenig meine pubertären Phantasien. Aber wie könnte ich bei einer solchen Rivalin wie dir eine Chance haben? Noch heute treffe ich ehemalige Schüler von dir, die mich anscheinend nur beachten und Kontakt mit mir suchen, weil sie dich einmal angebetet haben.

Dein Spitzname war *Dolores* nach einem damaligen Schlager. Nachts, auf dem Weg von ihrer Kneipe nach Hause, sangen sie das Lied unter deinem Fenster, während du ihre Arbeiten korrigiertest, eine Zigarette nach der anderen rauchtest und dich für den Unterricht vorbereitetest:

> *Das machen nur die Beine der Dolores,*
> *daß die Senores nicht schlafen geh'n.*
> *Und jeder denkt sich ja nur das Eine,*
> *sie möcht alleine für ihn sich dreh'n.*

Ich kann es heute noch nicht begreifen, wie es in dieser muffigen Kleinstadt ein Geheimnis bleiben konnte, daß du einen der Sonderabiturienten, die als halbe Kinder an die Front geschickt worden waren, erhörtest. Das muß ich dir lassen, dein Geschmack war nicht schlecht. Er war wirklich ein *Goldknopf.* So nanntest du ihn liebevoll.

Weißt du noch? Wir kamen etwas zu früh aus dem Kino, und als wir freudig erregt alle Türen aufrissen, um dir von dem tollen Film zu erzählen, fanden wir dich mit langwallenden Haaren auf seinem Schoß. Und das, obwohl du mir doch gerade zu meinem großen Kummer erklärt hattest, ich sei jetzt mit elf Jahren zu alt, um noch auf seinem Schoß zu sitzen.

Ich bin jetzt so richtig in Fahrt und gehe in die Küche, einen weiteren Elsässer Edelzwicker aus dem Kühlschrank zu holen, ihren Lieblingswein. Ich höre ein Kichern nebenan und denke, *sie hat ja nie viel vertragen*. Ich muß mich aber getäuscht haben, denn als ich mit dem Wein und einem Glas für mich zurückkomme, schaut sie mich mit ihren unschuldigen, etwas melancholischen, blauen Augen ernsthaft an. Ich proste ihr zu, um ihr meine Anerkennung für ihren wahrscheinlich einmaligen Fehltritt zu zollen: *Auf unseren Goldknopf!* Du hast dann leider großmütig Verzicht geleistet und ihn an eine jüngere Krankenschwester abgegeben, eine Großmut, die ihm lebenslange Gewissensbisse aufnötigte und bewirkte, daß er für ewig wahre Hymnen auf dich singt. *Deine Mutter war eine wunderbare Frau*, sagt er noch heute.

Du gefielst dir überhaupt darin, dich für andere aufzuopfern und so immer die Fäden in der Hand zu halten. Das war deine Art, Macht über andere auszuüben. Du vermitteltest mir das Gefühl, jeder selbständige Schritt, den ich ins Leben wagte, könne nur zu einer Katastrophe führen. Diese Erwartungen habe ich weitgehend erfüllt. Das gab dir wieder und wieder die Möglichkeit, helfend einzugreifen und dich als unentbehrlich zu erweisen. Als deine Kräfte nachließen, war es zu spät für dich, ein selbstbestimmtes Leben im Alter zu führen. Du hattest nie gelernt, etwas für dich selbst zu tun.

Es läßt dir wohl da drüben keine Ruhe, daß du hier

nicht mehr die erste Geige spielen kannst und ich auch ohne dich ganz gut zurechtkomme? Wo du aber schon mal hier bist, vielleicht könntest du mir in einer Herzensangelegenheit behilflich sein? Falls du im Himmel gelandet bist, könntest du nicht deinen direkten Draht zum lieben Gott ein bißchen zu meinen Gunsten nutzen? Solltest du aber mit dem Teufel im Bunde sein, kannst du ja den einschalten, wenn mich das eher zum Ziel bringt. Bei der harten Konkurrenzlage heutzutage kann frau es sich nicht leisten, bei der Wahl der Mittel zimperlich zu sein.

Es wird dich doch jetzt nicht mehr stören, daß es sich bei dem Objekt meiner Begierde um deinen geliebten *Goldknopf* handelt? Er ist vor kurzem auf tragische Weise Witwer geworden.

Ein brenzliger Geruch reißt mich jäh aus dem trauten *Tête-à-tête* mit dem Geist meiner Mutter. *Ach, du großer Gott, mein Weihnachtsbraten! Womit soll ich jetzt morgen meinen Weihnachtsgast becircen?*

Ein Blick in den Ofen zeigt mir, daß meine Sorge unbegründet ist. So gut ist mir ein Braten noch nie gelungen. Hmm, wie das duftet!

. . . .

DIE GRÜNE KINDERSCHAUFEL

Seit vielen Generationen wird der Weihnachtsbaum fast überall mit hübschem Schmuck behängt. Denn gläserne Kugeln, silbernes Lametta, rotbackige Äpfel, Holzfiguren, Tannenzapfen, Strohsterne und Kerzen geben dem Baum ein festliches Aussehen.

Doch im Haus von Jan Nielsen hängt unter all dem prächtigen Weihnachtszierat eine ganz gewöhnliche Kinderschaufel aus grün lackiertem Blech mit hölzernem Stiel. In jedem Jahr bekommt diese Schaufel ihren Ehrenplatz ganz vorn am Baum, direkt über den Geschenken. Ohne die kleine Schaufel wäre in Jan Nielsens Haus Weihnachten kein richtiges Weihnachten.

Dabei ist die Kinderschaufel mehr als fünfzig Jahre alt.

Der schreckliche Krieg war gerade beendet. Die Einheit von Olde Jannen, Jan Nielsens Sohn, hatte sich aufgelöst, und mit viel Glück war Olde der Kriegsgefangenschaft entgangen.

Nun hatte sich der junge, aufgeschossene Mann auf den Heimweg zu seiner kleinen Nordseeinsel gemacht. Kilometer um Kilometer war er gelaufen, nur selten konnte er sich für eine kurze Strecke außen an einen überladenen Personenzug hängen, manchmal wurde er auch von einem Dorf zum nächsten von einem Pferdefuhrwerk mitgenommen. So war es spät im Jahr geworden, und Olde erreichte erst Heiligabend die Küste.

Ein buntes Halstuch hatte er als Geschenk für seine Mutter von einer Bauersfrau erworben, Vater würde ein

Päckchen mit schwarzem Tabak bekommen, den er gegen sein Armeemesser eingetauscht hatte, und der kleine Heinrich sollte sich an einer grünen Kinderschaufel erfreuen, für die er einen ledernen Gürtel hergegeben hatte.

Heinrich war Oldes kleiner Bruder. Im Oktober hatte Heinrich schon seinen dritten Geburtstag gefeiert, doch Olde hatte seinen Bruder bisher noch nicht gesehen. So freute sich Olde besonders auf diese Begegnung und Heinrichs große Augen, wenn er das Geschenk auspakken würde.

In dem kleinen Küstenhafen hatte Olde nach einer Möglichkeit gesucht, auf seine Insel überzusetzen. Doch die Reederei hatte schon ihren Schalter geschlossen. Ein einziges Schiff sollte noch an diesem Abend ablegen, allerdings nur eine benachbarte Insel anlaufen.

Olde wußte natürlich, daß es bei Ebbe einen Fußweg durch das Watt von der einen Insel zur anderen gab. So vertraute er auf das gute Wetter und sein Orientierungsvermögen und bestieg das Schiff.

In langsamer Fahrt verließ der altersschwache Dampfer den Küstenhafen, und die Fahrt wurde auch nicht schneller, als sie die Küste hinter sich gelassen hatten. Zu flach war das Fahrwasser und zu eng begrenzten Sandbänke die einzige Durchfahrt.

Olde war trotzdem zufrieden. Er stand auf Deck und genoß den Sonnenuntergang. Wie ein roter Ball stand die Sonne über dem klaren Horizont, dann berührte sie vorsichtig den Wasserspiegel, als wollte sie die Temperatur prüfen, zögerte ein Weilchen und stürzte sich schließlich doch in das kalte Wasser.

Als das Schiff endlich den kleinen Inselhafen erreichte, hatte die Dämmerung längst die Farben des Tages verdrängt. Strand, Dünen und Hausdächer lagen im milchigen Grau des vollen Mondes. Vom Leuchtturm seiner Heimatinsel huschte ein schmaler Lichtstrahl in eintönigem Takt über Land und Meer.

Olde grüßte zu dem schlanken Turm mit dem hellen Licht hinüber, als wollte er sich für seinen kommenden Gang durch das Watt gut mit ihm stellen. Er verließ das Schiff und ging am Ufer entlang die geteerte Straße hinauf. Bald mündete die befestigte Straße in einen Schotterweg und setzte sich schließlich in einem sandigen Trampelpfad fort. Nur wenige Menschen, in warme Kleidung gehüllt, begegneten ihm. Olde grüßte und wünschte ein frohes Fest. Überrascht sahen die Angesprochenen auf und erwiderten murmelnd den Gruß.

Die Ebbe hatte ihren tiefsten Stand bereits überschritten, doch Olde blieb noch genügend Zeit, bis die Flut auflief. Er durchschritt auf schmalem Pfad die Dünen und blieb an der Abbruchkante zum Watt für einen kurzen Augenblick stehen. Es war zwar schon Nacht, doch die Dünenreihe seiner Heimatinsel schien im Vollmond zum Greifen nah.

Entschlossen sprang er auf den feuchten Grund und marschierte los. Der feste Sand gab seinen Schaftstiefeln Halt, doch an manchen Stellen war der Sand von Schlick überlagert, und die langen Stiefel sanken bis über die Fußspitzen in den Morast ein.

Forsch durchschritt Olde das knöcheltiefe Wasser der ersten Priele. Durch die schmalen Rinnen der Priele läuft bei Ebbe das Wasser ab. Bei Flut führen die Priele das auflaufende Wasser heran, bevor es sich großflächig über das Watt verteilt. Schnell können nach Stand der Gezeiten und Stärke des Windes aus den zahmen Bächen reißende, unberechenbare Wasserläufe werden.

Mit kräftigen Schritten marschierte Olde dem gegenüberliegenden Ufer entgegen. In der mondhellen Nacht konnte er bereits einzelne Dächer seines Heimatdorfes erkennen. Olde lächelte. Er mußte an die überraschten Gesichter seiner Familie denken, wenn er so unvermutet an die Tür klopfen würde.

Plötzlich kam Nebel auf. In flachen, dünnen Schwaden zog er über das dunkle Watt. Weiße Schleier verschluckten allmählich den Horizont, doch die Küste war noch ganz gut zu erkennen.

Olde beschleunigte seine Schritte. Der Nebel wurde dichter. Bald verhängte er das rettende Ufer vollständig, umgarnte das Leuchtfeuer, versteckte es schließlich und stieg auf zu dem leuchtenden Mond.

Olde wurde es bang ums Herz. Noch konnte er die eingeschlagene Richtung einigermaßen beibehalten. Doch kam er nur noch langsam voran. Er wurde vorsichtiger und zögerte öfter. Das Wasser in den Prielen stieg von Minute zu Minute. Schon ließen sie sich auf geradem Weg nicht mehr durchwaten. Olde mußte immer häufiger die eingeschlagene Richtung verlassen und sich am Rand eines Priels entlangtasten, um eine flachere Stelle zu finden.

So wurde er mal nach links, mal nach rechts von seinem Weg abgedrängt, schließlich wußte er nicht mehr, ob er vorwärts, zurück oder im Kreis lief. Er hatte völlig die Orientierung verloren. Angst stieg in ihm auf. Sollte ihn der Tod so nah vor dem elterlichen Haus doch noch zu fassen kriegen?

Ihm fiel sein Freund Karl ein, den im Schützengraben eine lautlose Kugel traf und der von einem Augenblick zum anderen wegsackte wie ein umgestoßener Kartoffelsack. Wie entsetzt war er damals über die Nähe des Todes gewesen, er hatte um seinen Freund geweint, und jetzt beneidete er ihn fast um das schnelle Ende. Wie elend würde er hier draußen sterben.

Olde blieb stehen. Jeder weitere Schritt in die graue, taube Dunkelheit war sinnlos und gefährlich. Schon ergoß sich das Wasser aus den Prielen über das Watt. Obwohl er seine Füße durch doppelte Socken geschützt hatte, erreichte die Kälte schon seine Zehen und kroch allmählich die Beine hinauf.

Olde war kein Träumer. Er wußte, was ihm das Schicksal bringen würde. Wie bei vielen unglücklichen Wattgängern vor ihm, würde zur Kälte bald die irrsinnige Angst kommen und ihm langsam den Verstand rauben.

Er wollte sich seine letzten Minuten vorstellen, doch kam er immer nur bis zu der Stelle, an dem ihm zum ersten Mal das Wasser in die langen Stiefel laufen würde. Weiter wollten ihm seine Gedanken nicht vorauseilen.

Plötzlich lachte er bitter auf. So ein Glück wie der Kolonialwarenhändler Jan Julius Lorenz würde er nicht haben. Auf dem Rückweg von Einkäufen war Lorenz mit seinem Pferdefuhrwerk ebenfalls im Watt vom Nebel überrascht worden. Doch Lorenz hatte die lähmende Angst überwunden. Er hatte seine beiden Pferde ausgespannt, Frau und Tochter auf das eine Pferd gesetzt und sich selber auf das andere. Dann hatte er den Pferden freien Lauf gelassen, und beide Pferde hatten ohne Zögern das sichere Ufer erreicht.

Zwei Handbreit war das Wasser nun schon an Oldes Stiefel hochgestiegen. Er mußte eine Entscheidung treffen. Wenn er sterben mußte, dann wie ein Mann, wie ein Soldat! Er würde sich in einen der reißenden Priele stürzen. Doch einen Augenblick wollte er sich noch besinnen. Ein *Vaterunser* lang. Er betete das *Vaterunser* einmal, zweimal, fünfmal, zehnmal. Er konnte sich nicht aufgeben. Er mußte um sein Leben kämpfen bis zum letzten Augenblick.

Er mußte das Überlaufen des eisigen Wassers in seine

Stiefel verhindern, sonst war ihm der Tod sicher. Und Olde hatte eine Idee. Er würde sich einen Sandhügel bauen!

Zuerst schob er den Sand mit seinen Händen zusammen, da fiel ihm plötzlich sein Geschenk an Heinrich ein. Hastig öffnete er den Rucksack, zog die kleine Schaufel heraus und häufte mit ihr den Sand zu einem kleinen Hügel auf. Als der Hügel hoch genug zu sein schien, stellte er sich auf die Erhebung und bat Gott um sein Leben: Bitte, laß das Wasser den Sand nicht wegspülen. Bitte, lieber Gott.

Das Wasser stieg und stieg. Olde betete und betete.

Da der Wind, wie häufig in der kalten Jahreszeit, aus Osten wehte, erreichte die Flut nicht ihren Höchststand. Wenige Zentimeter unterhalb des Stiefelrandes blieb das Wasser stehen.

Plötzlich, wie der Nebel gekommen war, klarte es auf. Das Ufer der Heimatinsel lag nah vor Olde, doch zu weit, um hinüberzuschwimmen. Etwas seitlich sah er dunkel einen Fischkutter vor Anker liegen.

Der Sandhügel, das Wasser würde seinen Sandhügel wegspülen, und mit einem erneuten Nebeleinbruch mußte er ebenfalls rechnen. Wild schossen die Gedanken durch seinen Kopf. Sie verwirrten ihn, gaben ihm Hoffnung und raubten ihm gleich wieder jeden Mut. Er schrie aus Leibeskräften. Doch wer sollte ihn in der Weihnachtsnacht hier draußen hören?

Da faßte Olde einen waghalsigen Entschluß. Er zog Kleidung und Stiefel aus und schwamm los. Er schwamm um sein Leben.

Mit letzter Kraft erreichte er den Fischkutter, faßte irgendein Tau und zog sich an Deck. Er sah sich um, lief zur Kajüte hinüber, die Tür war offen. Mit letzter Willensanstrengung schleppte er sich zu dem einzigen Bett.

Er legte sich in den hölzernen Bettkasten und deckte sich mit der dünnen Matratze zu.

«He, aufwachen. Wie kommst du denn hierher? Der Kerl ist so steif wie ein Ladebaum!»

Nur allmählich wurden aus dem Gemurmel erkennbare Worte. Olde wollte etwas sagen, doch er brachte kein Wort heraus. Endlich gelang es ihm, die Augen ein wenig zu öffnen. Direkt vor seiner Nase erschien ein bärtiges Gesicht. War das nicht? Der alte Hansen! Sein warmer Tabakatem schlug Olde entgegen, und er sog ihn ein. So roch es in den Wirtsstuben seiner Heimatinsel!

«Willkommen unter den Lebenden. Eigentlich wollte ich nur nach den Aalreusen sehen, und dann ist mir so ein dicker Fisch an Deck gespült worden!» Der Alte grinste.

Allmählich fand Olde wieder zu sich. Er kauerte, in Hansens alte Jacke gehüllt und mit Decken umwickelt, vor dem glühenden Ofen, auf dem sich der Fischer normalerweise sein Essen kochte. Da er allein lebte, bewohnte er an Land nur eine kleine Dachstube und verbrachte die meiste Zeit auf seinem altersschwachen Kutter.

«Jetzt erkenne ich dich», sagte der Alte, nachdem er den jungen Mann von allen Seiten betrachtet hatte. «Du bist Olde Jannen, der Junge von Jan Nielsen! Na, deine Eltern werden staunen. Sie haben schon seit Ewigkeiten nichts mehr von dir gehört!»

Olde richtete sich auf und fiel gleich wieder um.

Der Alte rüttelte ihn: «Jetzt bloß nicht schlappmachen! Wir müssen noch an Land rudern. Die Kleinigkeit wirst du doch auch noch schaffen?»

Olde nickte, doch es dauerte einige Zeit, bis er sich mit Hilfe des Alten erheben konnte. Der Alte löschte das Feuer im Ofen mit einem Eimer Wasser, schloß die Kajütentür und stützte Olde. So erreichten sie schließlich das längsseits liegende Ruderboot. Jeder nahm einen Riemen, und sie ruderten dem Ufer entgegen. Oldes schwache Kräfte ließen das Boot immer wieder aus der Richtung treiben, so fuhren sie in einer Schlangenlinie, liefen aber schließlich doch auf den Ufersand auf.

Olde war bereits zu schwach, um aufzustehen. Der Alte zog sich bis auf die Unterhose aus und deckte Olde mit seinen Sachen zu, dann lief er, so schnell ihn seine alten Füße tragen konnten, dem nächsten Haus entgegen.

Olde verlor das Bewußtsein. Als er wieder zu sich kam, lag er dick in Decken gehüllt im Stroh eines rumpelnden Pferdefuhrwerks. Der alte Hansen hatte ihn in seine Arme genommen. «Die paar Meter bis zu deinem Elternhaus schaffst du auch noch», ermutigte er den Jungen und drückte ihn fest an sich.

Das Licht im Elternhaus war längst erloschen. Erst nach heftigem Pochen wurde ein kleines Fenster in der Giebelwand geöffnet. Langsam, viel zu langsam begriff die Gestalt im Fenster die Ursache des Lärms. Doch dann ging alles ganz schnell. Die Tür zu dem Häuschen wurde aufgerissen, Licht flammte auf, und Oldes Vater trug seinen Sohn ins Schlafzimmer und legte ihn in das noch warme Ehebett.

Die Mutter mit der weißen Nachthaube konnte sich gar nicht fassen. Sie mußte Olde anfassen, umarmen, gleichzeitig alle Decken des Hauses heranschaffen und die Bettwärmer mit heißer Glut füllen. Schon trug sie heißen Tee mit Rum heran, den Olde in kleinen Schlucken trinken mußte.

Endlich konnte sich die Mutter zu ihm auf die Bettkante setzen und ihren Sohn etwas ruhiger betrachten.

«Du machst Sachen», tadelte sie mit Tränen in den Augen. «Mein großer Junge!» Sie strich ihm liebevoll übers Haar.

«Dann geh ich jetzt mal», murmelte eine Stimme im Hintergrund, und jemand nieste dazu aus vollem Hals.

Der alte Hansen! Sie hatten ihm warme Kleidung gebracht und ihn dann völlig vergessen. Er war aufgestanden, lehnte aber mit dem Rücken noch an dem wärmenden Kachelofen.

«Wo willst du denn hin?» fragte die Mutter. «Wer soll dich versorgen? Du bist doch ganz allein. Bleib hier und nimm einen Tee mit Rum!»

Nur zögernd streckte der Alte seine Hand nach der hingehaltenen Tasse aus.

«Der Tee bekommt dir wohl nicht?» sagte die Mutter schmunzelnd. «Dann nimm bloß den Rum!» Sie gab ihm die angebrochene Flasche, und der Alte trank ein paar tiefe Züge.

«Danke, Hansen», sagte der Vater.

«Nicht der Rede wert», murmelte der Alte. Wieder mußte er niesen.

«Wo ist Heinrich?» fragte Olde mit zitternder Stimme.

«Der schläft längst!»

«Der Heilige Abend war viel zu aufregend für ihn», fügte die Mutter hinzu.

«Hier bin ich», ließ sich eine dünne Stimme vernehmen. Heinrich hockte in seinem Nachthemd im Türrahmen und hatte alles genau verfolgt.

«Komm her», bat Olde.

«Nein, ich will nicht!»

«Nun komm schon», forderte die Mutter mit sanftem Nachdruck, und Heinrich stand auf und kam ans Bett. Olde streckte die Arme nach ihm aus, doch der Junge wich zurück.

«Es braucht alles seine Zeit», entschuldigte der Vater.

Wieder nieste der Alte.

«Jetzt aber nichts wie ins Bett!» befahl die Mutter, und

der alte Mann ließ sich widerspruchslos in die zweite Hälfte des Ehebetts legen. Er lag kaum, da schlief er auch schon. Auch Olde fielen die Augen zu, und bald schnarchten die beiden Männer um die Wette.

Als Olde am nächsten Morgen erwachte, war der alte Hansen längst aufgestanden, um nach seinen Reusen zu sehen. Nach einem warmen Bad und einer kräftigen Suppe begann er zu erzählen. Er berichtete von seinen Kriegserlebnissen, vom Heimweg, dem Nebel, der Angst und dem gefahrvollen Weg durchs Watt.

Täglich kamen Verwandte, Freunde und Nachbarn und wollten die unglaubliche Geschichte hören. Doch Heinrich wurde Oldes eifrigster Zuhörer. Wenn Olde mal eine Kleinigkeit vergaß oder überging, verbesserte ihn sein kleiner Bruder. Bald kannte Heinrich die Geschichte auswendig und erzählte sie in Vertretung seines Bruders jedem, der sie hören wollte oder auch nicht.

Eines Tages betrat nun der alte Hansen Jan Nielsens gute Stube. Er erkundigte sich bei Olde nach dem Fortschritt der Genesung, fragte wieder einmal nach Einzelheiten der Rettung und kam wie zufällig auf die Kinderschaufel zu sprechen.

Kaum hatte Olde die Schaufel beschrieben, zog der Alte eine Kinderschaufel in leuchtendem Grün und mit einem Griff aus blankem Holz aus der Jackentasche. «Ob sie das wohl ist?» fragte er schmunzelnd.

«Natürlich ist sie das», bestätigte Olde aufgeregt.

«Sie hat sich mit zwei dünnen Aalen in einer meiner Reusen verfangen!»

«Darauf müssen wir einen trinken», sagte Vater Nielsen.

Mutter brachte den Rum, die Männer tranken und begutachteten ausgiebig die grüne Schaufel. Wie gut sie in der Hand lag, und die Farbe war kaum angekratzt!

Heinrich bettelte, mit der Schaufel spielen zu dürfen, doch die Mutter nahm den Männern die Schaufel aus den Händen, um sie sicher zwischen der Wäsche zu verwahren. «Sie soll uns an jedem Heiligabend an Oldes glückliche Heimkehr erinnern!»

«Ich mag auch gar keine grüne Schaufel», widersprach Heinrich beleidigt, «ich will eine rote wie mein Freund Hans Peter!»

Anna Luise Prager

WEIHNACHTSABEND

Eigentlich sah ja alles sehr hübsch aus, der edel geschmückte Weihnachtsbaum mit den vielen Lichtern, die
fein verpackten Geschenke, die darunter aufgebaut waren, die bequemen Sessel und das Sofa, auf denen man
Platz nahm, und ringsherum noch zusätzliches Tannengrün und Kerzen. Dazu ertönten im Hintergrund Weihnachtslieder. Aber für Irmgard war es wie immer eine
Qual. Alles erschien ihr so unecht.

Sie waren alle gekommen, wie es sich gehörte. Ihr Vater und ihre Stiefmutter, die alles hergerichtet hatten,
strahlten eine geradezu penetrante Güte und Harmonie
aus. Ihr Stiefbruder, der vor ihr stand, gab, wie jedes Jahr,
mächtig an mit seinen Erfolgen, die er bei irgendwelchen
tollen Frauen gehabt hatte. Tante Ida, eine Schwester
der Stiefmutter, eine strenge Katholikin, ließ gerade wieder einige ihrer moralischen Sprüche los. Tante Berta,
Schwester ihres Vaters, saß wie immer etwas verschüch-
tert auf dem Sofa, während ihr Mann Egon gerade einen
seiner blöden Witze erzählte, über die man anstandshal-
ber lachen mußte. Und dann noch die beiden Omas. Die
eine, die auf zerbrechlich machte, um damit die Aufmerksamkeit auf sich zu ziehen. Sie ging am Stock. Aber
Irmgard hatte sie einmal dabei ertappt, wie sie ganz munter ohne Stock herumlief, als sie sich unbeobachtet fühlte.
Und die andere Oma, Mutter ihres Vaters, war leider so
schwerhörig, daß sie sich immer absichtlich im Hintergrund aufhielt.

Und nun gab es, wie jedes Jahr, die Debatte, ob man zuerst essen sollte und dann bescheren oder umgekehrt. Und wie jedes Jahr einigte man sich schließlich darauf, zuerst zu bescheren.

Aber was war denn das? Irmgard verspürte einen sehr eigenartigen Luftzug. War ein Fenster offen? Nein. Neben ihr war ein Platz frei, und als sie hinschaute, sah sie eine graue, fließende Form. Diese Form näherte sich ihr und flüsterte ihr ins Ohr: *Diesmal wird es ein anderes Fest, das verspreche ich dir.* Das war die Stimme von Onkel Albert, ihrem Lieblingsonkel, der vor zwei Jahren zu ihrem großen Kummer gestorben war. Was sie da erlebte, war zwar ziemlich unheimlich, aber wunderbar aufregend.

Dann kicherte Gespenst Albert so etwas knirschend.

Was war denn das? rief ihr Vater.

Du hast die Tür nicht geölt. Ich hab dir doch gesagt, daß du das machen sollst, antwortete ihre Mutter gereizt. *Aber sie ist doch gar nicht offen,* bemerkte Egon. Da kicherte das Gespenst noch einmal.

Unruhe und Unsicherheit bemächtigten sich der Gesellschaft. Gespenst Albert flüsterte Irmgard ins Ohr: *Nun werden sie sich gleich alle streiten,* und kicherte noch einmal. Dann hielt er ihr etwas unter die Nase, und Irmgard bekam einen entsetzlichen Nies- und Hustenanfall, so daß alle irritiert zu ihr hinschauten. Gespenst Albert benutzte diese Gelegenheit, rauschte zum Weihnachtsbaum und warf all die fein verpackten Geschenke durcheinander.

Als sie sich umdrehten, war das Entsetzen unbeschreiblich. Verdächtigungen, Beschuldigungen, Beschimpfungen. Irmgard mußte sich mühsam das Lachen verkneifen.

Und dann wieder das knirschende Kichern. *Aber jetzt kommt der Höhepunkt. Genieße ihn, mein Liebes,* flüsterte Gespenst Albert und rauschte davon. Die anderen hörten es nicht, weil alle durcheinanderredeten.

Gespenst Albert zog den Stecker aus der Dose. Die Lichter am Weihnachtsbaum erloschen. Vollkommene Dunkelheit.

Das ist ja gespenstisch, kreischte Tante Ida. Wie recht sie hatte. Einige Sekunden Stille. Nun fing die zerbrechliche Oma an, herzzerreißend zu jammern. Schwager Egon fühlte sich verpflichtet, zu ihr zu gelangen, um sie zu beruhigen. Dabei stolperte er über eines der heruntergefallenen Geschenke. Er tastete sich schimpfend weiter. Irmgards Stiefbruder hatte die Idee, mit Heiterkeit die Situation erträglicher zu machen, und rief: *Seid ihr alle da, dann ruft mal alle ja.*

Sehr geistreich, murmelte Irmgard. Die Gastgeber schlichen zum Schalter und verkündeten wütend, daß dies das letzte Weihnachtsfest sei, das sie ausgerichtet hätten.

Na, ist das nicht ein voller Erfolg, flüsterte Gespenst Albert im Davonschweben. Dann ging das Licht an.

. . . .

Schickes Essen für Zwei

Es ist der Nachmittag vor Heiligabend. Ich bin in der Küche beschäftigt. Aus dem Kochbuch *Schickes Essen für Zwei* habe ich ein Menü ausgewählt, das ich ohne großen Aufwand zubereiten kann. Denn ich habe dieses Jahr einen heroischen Entschluß gefaßt: Es wird keine Weihnachtsgans geben.

Die Zeiten, da sich die Großfamilie zum Fest bei mir versammelte und die alljährlichen Krisenrituale abliefen, gehören der Vergangenheit an. Einige ihrer Mitglieder sind inzwischen verstorben; andere ziehen es vor, besonders dann, wenn der Kalender arbeitnehmerfreundliche Feiertage beschert, auf Reisen zu gehen.

Während ich in Gedanken bei vergangenen Weihnachtsfesten weile und mir plötzlich doch nicht ganz sicher bin, ob mir der jetzige Zustand mehr behagt, klingelt es an der Wohnungstür. Erschreckt frage ich mich, wer wohl in dieser Stunde noch zu mir will. Als ich die Tür öffne, ist niemand draußen. Wahrscheinlich haben sich Kinder einen Schabernack erlaubt, denke ich und kehre etwas verstört in die Küche zurück.

Da höre ich plötzlich eine Stimme: «Warum bekommt mein Sohn dieses Jahr keine Weihnachtsgans?» Entsetzt schaue ich auf und erblicke meine vor einiger Zeit verstorbene Schwiegermutter. Die Erscheinung gleicht der aus überbelichteten Filmen. Sie ist blaß, und die Konturen zerfließen leicht. «Du weißt doch, daß die Gans immer seine größte Weihnachtsfreude war», fährt das Ge-

43

spenst fort. Nach dem ersten Schock kommen alte Aggressionen bei mir hoch. «Dein Sohn hat einen zu hohen Cholesterinspiegel und Übergewicht. Er darf nicht mehr so üppig essen», antworte ich trotzig. «Unsinn, diese neumodischen Erkenntnisse! Das gab es früher doch auch nicht. Wir haben immer gut gegessen, und ich bin schließlich fünfundneunzig Jahre alt geworden.»

«Ich habe die Gans sowieso nie so vollendet zubereitet wie du», versuche ich mich zu entschuldigen. «Seitdem ich deine Familientradition mit der Weihnachtsgans übernommen habe, um dir eine Freude zu machen, sind mir die Festtage ein Horror. Immer hattest du etwas auszusetzen. Meine Gans war in deinen Augen entweder zu fett, zu alt, zu hell oder zu dunkel gebraten. Ich habe mir die größte Mühe gegeben. Wenn ich nur an die schlaflosen Nächte vor Weihnachten denke, in denen ich Kochrezepte für Gänsebraten studierte. Doch nie habe ich deine Spitzenleistung erreicht. Meine Gans war bestenfalls Mittelmaß. Daß sie trotzdem mit Appetit verzehrt wurde, hast du nie gelten lassen.»

Jetzt habe ich mich in Wut geredet. Was ich zu Lebzeiten meiner Schwiegermutter nie gewagt hätte, dieses Gespenst mußte mich jetzt anhören. «Als wir Weihnachten noch bei dir zu Hause gefeiert haben», fuhr ich fort, «erschien mir das Getue um die Gans immer schon übertrieben. Ich habe nie begriffen, woran man beim Kauf erkennen konnte, ob die Gans jung, nicht zu fett und richtig gefüttert war. Möglichst aus Polen sollte sie sein. So, wie du sie in deiner pommerschen Heimat immer bekommen hattest. Die Verzückung, wenn die Gans auf dem Tisch stand und ihr sie unter Fritz-Reuter-Zitaten verzehrtet, konnte ich nie so recht teilen. Meistens war mir von dem Duft, der die ganze Wohnung beherrschte, etwas übel. Das Schlimmste aber war, daß wir bis Silvester an der Gans zu essen hatten. Gänseschmalz, Gänseleber, Gänseklein und was sonst noch alles nebenbei abfiel, alles wurde sorgsam verwertet. Schließlich hattest du schlimme Kriegsjahre hinter dir.»

Während meiner langen Rede bemerke ich gar nicht, daß die Erscheinung immer undeutlicher wird. Bei meinen letzten Worten verschwindet sie völlig. Mir ist auf einmal sehr leicht zumute. Die Schuldgefühle, die noch am Nachmittag an mir nagten, weil ich mich über die Familientradition hinweggesetzt hatte, sind verflogen, und ich freue mich jetzt richtig auf das Weihnachtsessen zu zweit.

. . . .

Mutters Kochkünste

Meine Mutter ist eine gute Köchin. Mein Vater – er starb, als ich noch klein war – schätzte diese Eigenschaft sehr, denn Mutter brachte in guten wie in kargen Zeiten stets leckeres Essen auf den Tisch, und sie ging gern mit den Jahreszeiten: im Frühsommer saftige Spargeln, im Herbst würzige Pilzgerichte und das Jahr über kräftige Eintöpfe. Die Krönung aber sind ihre Weihnachtsmenüs.

Meine Mutter ist auch eine lebensfrohe Natur, der Einsamkeit wenig zugetan, die sich, obwohl Vater ihr eine beträchtliche Summe Geldes hinterlassen hatte, bald wieder verheiratete. Doch vergessen hat sie ihn deshalb nicht. An denkwürdigen Tagen, wie zu Weihnachten oder am Geburtstag, legt sie ein weiteres Gedeck auf, mit Gläsern und Serviette, als säße er mit uns am Tisch.

Florian, der neue Ehemann, gebärdete sich nicht als strenger Stiefvater, sondern wurde mir bald ein guter Freund. Auch er schätzte Mutters Kochkünste, geht doch, wie man sagt, auch die Liebe durch den Magen. Darum wohl trug er das, was mein Französischlehrer ein *embonpoint* nennt, wie den Nachweis seines Wohlstands vor sich her.

Um so jäher unser Schmerz, als er plötzlich verschied. Unter duftende, weiße Champignons, von ihm selbst gesammelt, hatte sich etwas Unbekömmliches gemischt. Es war nur eine kleine Portion, die Mutter mit besonderer Liebe für ihn allein zubereitete, daher blieben wir verschont. Wir waren sehr traurig. Selbst die hohe Versiche-

rungssumme, die Mutter zufiel, schien sie wenig zu trösten. Nun wird an besonderen Tagen mit zwei zusätz-
lichen Gedecken der verstorbenen Ehemänner gedacht.

Doch das Leben geht weiter oder, wie mein Englisch-
lehrer sagte, *the show must go on*, und Mutter trug den Verlust mit großer Fassung. Nun denke ich an Florian nicht
mehr so oft, an meinen Vater noch weniger. Nur daß er
nach dem Genuß verdorbener Pfifferlinge verschieden
sei, fiel mir immer wieder ein, obwohl Mutter nicht
gern darüber spricht. Dafür sprechen wir gern mit Justus, Mutters «Drittem», mit dem wir nun schon drei
Jahre glücklich zusammenleben. Er ist Börsenmakler, und
mein Religionslehrer erläutert die Verbindung mit der
Formel *Geld will zu Geld*, weil er weiß, daß meine Mutter
nicht arm ist.

Das Kulinarische spielt auch bei ihm eine wichtige
Rolle. Oft führt er uns in feine Lokale. Daheim ißt er sel-
tener, da er oft Geschäftsfreunde ausführen muß. Doch
auch Mutters Kochkünste kommen zu ihrem Recht. Besonders an Feiertagen läuft sie zu Hochform auf.

Letzte Weihnachten jedoch verlief das Festmahl anders
als in früheren Jahren. Mutter hatte als zweiten Gang für
uns Seezunge bereitet und für Justus, der kein großer
Freund von Meeresfischen ist, ein Schweizer Steinpilz-
filet. Die Tafel war festlich gedeckt mit Mutters altem
Meißner Porzellan. Auch die beiden Erinnerungsgedecke
lagen auf. Justus saß ihnen gegenüber. Wir verzehrten die
Vorspeise mit Genuß, verkosteten den Wein, den Justus
entkorkt hatte, und schauten zu, wie der zweite Gang
aufgetragen wurde.

Plötzlich – der Duft des dampfenden Pilzragouts vor
Justus zieht mir verführerisch in die Nase – geht ein Ruck
durch ihn, er setzt sich kerzengerade auf, hält sich die Serviette abwehrend vor den Mund und starrt mit weit auf-

gerissenen Augen zu den beiden leeren Tellern ihm gegenüber.

Mir wird angst, ich spreche ihn an, rüttle ihn sanft an der Schulter und sehe, wie das Blut in seine Wangen zurückkehrt. Mit stockender Stimme berichtet er von den beiden Männern, die urplötzlich stumm ihm gegenüber gesessen und mit den Fingern auf sein Pilzgericht gezeigt hätten, dabei warnend die Köpfe schüttelnd. Er habe sie befragen wollen, aber, so rasch wie er gekommen sei, sei der Spuk wieder verflogen.

Mutter war, aus der Küche kommend, an den Tisch getreten. Sie hatte von all dem nichts bemerkt, und als ich ihr von Justus' Erscheinung erzählte, meinte sie lachend, sie sei schon immer gegen die starken Martinis vor dem Essen gewesen, die doch faktisch nur aus reinem Gin bestünden.

Bis heute weiß ich nun nicht, wirkten da bei Justus die zwei Martini-Cocktails, die er als Aperitif genommen hatte, oder dürfen wir uns auf Hamlet berufen, auch wenn Lichtenberg meint, daß «der einfältige Mensch bekanntlich nicht recht bei Trost war», als er orakelte: «Es gibt mehr Ding' im Himmel und auf Erden, als eure Schulweisheit sich träumt».

Für Justus gab es diesen Zweifel nicht: Von Stund an rührte er keine Pilze mehr an.

. . . .

WEIHNACHTEN IM WINTERWALD

Als 1972 im Taunus der erste Schnee fiel und die Nächte kälter wurden, kam Django zu uns. Andreas, mein jüngster Sohn, war bereit, sein Zimmer mit ihm zu teilen, denn er kannte Django aus der Zeit, als er noch zu unserer Motorradclique gehörte, sehr gut. Damals fuhr er mit seiner Freundin, Gabi, eine Motoguzzi mit Beiwagen, und Andreas hatte schon ein paarmal im Beiwagen mitfahren dürfen. Bei meiner kleinen 250er BMW konnte er nur hinten aufsitzen. Django hatte auch in unserer Fußballmannschaft auf dem Lohrberg mitgespielt, zu der auch Wolfgang, mein älterer Sohn, und mein damaliger Freund, Axel, gehörten. Da alle Männer auf dem Spielfeld gebraucht wurden, verdingten Gabi und ich uns, mit Trillerpfeifen ausgestattet, als Linienrichterinnen. In der Halbzeitpause teilten wir Zitronenscheiben aus, und ich legte notfalls Verbände an. Andreas war noch zu klein, um mitzuspielen. Er brachte immer Ibrahim, seinen Kater, an der Leine mit.

Im letzten Sommer hatte Django als Aussteiger der Zivilisation den Rücken gekehrt und war in den Taunus gezogen, wo er, wie es hieß, im Wald hauste. Nun, da es kälter geworden war, suchte er bei uns Unterschlupf, den wir ihm dank Andreas' Mitwirken gerne gewährten. Ein Esser mehr am Tisch machte uns jedenfalls nichts aus. Django war immer guter Laune und hilfsbereit.

Als aber der Heilige Abend kam, zog es ihn in den Wald. Wir waren alle begeistert, bereiteten einen Picknickkorb vor und fuhren mit dem Auto nach Anspach, zum Waldschwimmbad. Dort stellten wir es auf dem Parkplatz ab.

Es war gerade dunkel geworden, als wir durch den frisch gefallenen Schnee am Waldrand entlang zu einer Schonung stapften. Der Mond schien und der Schnee glitzerte. Django machte einen großen Stein ausfindig und befreite ihn mit einem Tannenzweig vom Schnee. Wir sammelten herumliegende Äste, und es dauerte nicht lange, da flackerte auf dem Stein ein munteres Feuer. Django legte die Bratwürste auf eine mitgebrachte Pfanne, und als die Würste gut waren, schmeckten sie uns zu Brot und Bier ganz wunderbar. Wir hockten auf Steinen, die wir zusammengesucht hatten, um das Feuer und schauten uns, während wir genüßlich kauten, die verschneite Gegend an. Die Äste der Tannen hingen tief und schwer vom Schnee. Obwohl die Nacht sehr hell war, blendete das Feuer uns, so daß der Wald sehr finster aussah. Aber die Lichtung erschien hell und deutlich. Das Glucksen eines unterm Schnee versteckten Baches war zu hören und das Knacksen der Äste im Feuer. Aber sonst war es lautlos und windstill. Axel, Wolfgang und Django hatten vor, nach dem Essen Skat zu spielen, und ich hatte Lust, in den finsteren Wald zu gehen, während Andreas lieber bei den Männern bleiben wollte. Ich sagte, daß ich etwa in einer halben Stunde zurückkommen würde. Sie bräuchten sich keine Gedanken zu machen. Aber das war eigentlich überflüssig, denn bei unseren Pilzwanderungen hatte ich sie oft durch diese Gegend geführt. Und sie wußten, daß ich hier jede Schneise, jeden Weg genau kannte. Ich sah noch zu, wie sie die Glut zum Stein fegten, die Kerzen mit flüssigem Wachs festtropften und die Skatkarten austeilten, dann ging ich los.

Kaum war ich ein Stück gegangen, hatten sich meine

Augen an die Dunkelheit gewöhnt, und ich konnte den Weg sehr gut erkennen. Ich genoß die Stille des Waldes, die nur durch das Knacken der dürren Äste, die bei jedem Schritt unter meinen Füßen brachen, gestört wurde. Je tiefer ich in den Wald ging, desto wohltuender empfand ich die Ruhe und die Einsamkeit. Der Weg führte etwas bergan. Weiter oben teilte er sich, und ich zögerte einen Augenblick, wie ich weitergehen sollte. Ich entschloß mich, die linke Abzweigung zu nehmen, denn der andere Weg führte in einem Bogen zurück zu unserem Rast-platz. Nun schaute ich bergan in einen etwas lichteren Tannenwald. Alles war wie verzaubert, der Schnee schim-merte auf den tiefverschneiten, niedrigen Fichten, und ich sah kleine Schneebuckel, unter denen sich etwas ver-barg. Als Kind hätte ich darunter Märchengestalten ver-mutet. Es war mir zu schade, mit meinen Füßen Spuren in diese Unberührtheit zu prägen. Also blieb ich eine Weile stehen und versuchte herauszufinden, wie weit ich noch deutlich sehen könnte. Etwas weiter oben ver-schwammen die Konturen ineinander. Es war totenstille, und es kam mir so vor, als sähe ich dort oben lautlose graue Gestalten über den Weg hinüber und herüber wabern. Ich dachte an die, die nicht mehr unter uns weil-ten, ganz besonders an meinen geliebten Vater, der im harten Winter des unbarmherzigen Rußlandfeldzuges in Massen von Schnee und bei eisiger Kälte spurlos verlo-rengegangen war. Und wie immer, wenn ich an ihn dachte, überkam mich diese tiefe Traurigkeit, die ich als Kind noch tränenlos ertragen hatte. Doch nun, an diesem Ort, löste sich der Schmerz, und die Tränen quollen mir hemmungslos aus den Augen, kullerten über meine Wan-gen und flossen den Hals entlang in meine warme Jacke.

Da hörte ich plötzlich das immer lauter werdende Knacksen von Zweigen, die unter schweren Schritten zerbrachen, und allmählich erkannte ich in dem grauen Einerlei eine immer deutlicher werdende, dunkle Gestalt auf mich zukommen. Ich verhielt mich ganz ruhig, um diesen einsamen Menschen in der Heiligen Nacht nicht zu stören. Er sollte mich nicht entdecken, denn bestimmt hatte er einen Grund, an diesem Abend alleine durch den Wald zu gehen und die Einsamkeit zu suchen. Vielleicht dachte auch er an einen Verstorbenen, den er alleine betrauern wollte. Als er näher kam, sah ich, daß er einen langen Mantel trug, dessen Kragen hinten hochgeschlagen war. Er hatte seinen Hut tief ins Gesicht gezogen, sein Kopf war nach vorne gebeugt, so daß sein Blick zum Boden gerichtet war, so sehr war er in seine Gedanken vertieft. Eine Hand steckte in der Manteltasche, und in der anderen trug er einen Spazierstock, mit dem er im Rhythmus seiner Schritte in den Boden stach. Er entdeckte mich nicht, obwohl er mir kurze Zeit so nahe war, daß ich seinen stoßenden Atem hören konnte. Dann bog er in den Weg ein, den ich vorhin nicht hatte gehen wollen. Seine Schritte wurden allmählich immer leiser, und als ich sie nicht mehr hören konnte und die Stille des Waldes sich wieder ausgebreitet hatte, folgte ich seinen Fußstapfen zu unserem Lager zurück.

Bald hörte ich die Stimmen meiner Lieben, und als sie mich entdeckten, erzählten sie mir ganz aufgeregt, daß vor kurzem ein einsamer Wanderer vorbeigekommen sei. Sie hätten ihm ein gesegnetes Weihnachten gewünscht, aber er sei ohne aufzuschauen einfach weitergegangen.

Den Skatspielern war es inzwischen kalt geworden, und Andreas langweilte sich. Wir packten langsam unsere Sachen zusammen und gingen den Wald entlang zu unserem Auto. Wir fuhren in das schneefreie Frankfurt zurück. In unserer mollig warmen Wohnung angekommen, packten wir unsere Weihnachtsgeschenke aus. Aber wir wollten nicht zu Hause bleiben. So ließen wir den Abend im Aquarius ausklingen, einer Jugendkneipe, die für solche, die nicht daheim Weihnachten zelebrieren wollten, geöffnet hatte. Dort trafen wir viele ausgelassene, fröhliche Menschen, und es wurde auch getanzt.

. . . .

DIE TANTE

Heute ist Heiligabend. Lisa ist mit den Vorbereitungen
fertig und hat jetzt noch ein wenig Zeit für sich. Sie legt
schon ihre Garderobe für den Abend zurecht und schaut
in ihr kleines Schmuckköfferchen, um den entsprechen-
den Schmuck herauszunehmen. Sie nimmt vorsichtig ein
ganz bestimmtes Schmuckstück, das ovale Medaillon mit
dem Amethyst, heraus. Der Stein ist so groß wie eine
Walnuß, und er ist eingefaßt von einem Kranz in Altsil-
ber, in den Blüten und feine Ranken ziseliert sind. Ein
schmaler Ring, den man aufklappen kann, umschließt
den Stein.

Innen, in diesem Anhänger, erinnert Lisa sich, trug
Mutter jahrelang während der Abwesenheit des Vaters,
als er im Krieg und später in Gefangenschaft war, ein Bild
von ihm, zurechtgeschnitten aus einer Photographie. Als
er dann heimgekehrt war, tauschte Mutter es gegen ein
Porträt von ihr, Lisa, aus.

Mutter hatte ihr kurz vor ihrem Tod das Medaillon geschenkt; sie selbst hatte es zur Hochzeit von ihren Eltern
erhalten. Lisa weiß, daß es, materiell gesehen, keinen
großen Wert hat, aber ihr ist es dennoch sehr teuer.

Heute ist es zwei Jahre her, als sie diesen Anhänger zuletzt getragen hatte. Nach dem Fest war er verschwunden. Als sie ihn zu Silvester wieder anlegen wollte, war er
nicht mehr da. Ihr Mann und die beiden Kinder beteilig-
ten sich an der Suche; er war nicht aufzufinden. Auch
Tante Marlene, die zu Besuch weilte, suchte eifrig mit.

Viel zu eifrig behauptete später Manfred, der vierzehn-jährige Sohn, das hätte eigentlich allen auffallen müssen. Beim Suchen machte Tante Marlene die Bemerkung, daß ihre ältere Schwester, Lisas Mutter, immer bevorzugt worden sei. Darauf konnte Lisa ihr nichts antworten; sie hatte die Zeit ja nicht miterlebt. Arme Tante Marlene, anscheinend hatte sie sich ein Leben lang übergangen ge-fühlt. Vielleicht wollte sie sich deshalb hier bei ihnen, bei jüngeren Menschen, zur Geltung bringen, folgerte Lisa.

Sie hatten Tante Marlene, die in einem Altenheim in Wernigerode im Ostharz lebte, zum Weihnachtsfest ein-geladen. Der Besuch war möglich geworden, weil ältere Menschen seit einiger Zeit die Ostzone verlassen durften, um Verwandte im westlichen Teil Deutschlands zu besu-chen. Die Tante lebte schon seit mehreren Jahren in die-sem Heim; sie war nicht verheiratet gewesen und Lisa die einzige nähere Verwandte.

Lisas Empfindungen der Tante gegenüber waren da-mals von Mitleid und Ärger geprägt. Die ersten Tage ihres Besuchs waren noch harmonisch verlaufen, doch dann hatte sie mehr und mehr versucht, die Kinder mit-zuerziehen. Ihrer Meinung nach hatten die Kinder viel zu viele Freiheiten und vor allem viel zuviel Taschengeld und zuwenig Pflichten. Was die Freiheiten anginge, so seien sie zu oft unterwegs, und es sei auch nicht recht, daß sie bis in die Nacht Fernsehen schauten. Lisa versuchte ihr klarzumachen, daß man Kindern, ihrem Alter entspre-chend, Eigenständigkeit zugestehen müsse. In ihrer Ju-gend, so schloß die Tante einmal ihre Mißbilligungen, hätte es so etwas nicht gegeben, und Manfred antwortete prompt, daß es damals ja auch kein Fernsehen gegeben habe. Die Antipathien wurden nun offen gezeigt. Die Kinder mochten die Tante nicht. Ich glaube, so flüsterte einmal Manfred, daß sie einen guten Feldwebel bei den

Soldaten abgegeben hätte. Sie war Beschließerin in einem Hotel gewesen und hatte einer größeren Gruppe von Frauen vorgestanden; die Gewohnheit, Anweisungen zu geben, hatte sie wohl nicht mehr abgelegt. Es war für Lisa ein anstrengender Besuch; sie hatte Mühe gehabt, das Familienleben im Gleichgewicht zu halten.

Vor einigen Wochen nun war ein Brief von der Heimleitung gekommen. Man teilte Lisa mit, daß ihre Tante verstorben sei. Sie habe darum gebeten, sie, Lisa, erst nach der Beisetzung zu benachrichtigen. Auch werde man ihr den Nachlaß zuschicken, kleine persönliche Erinnerungen.

Und dann kam ein Päckchen in der Größe eines Schuhkartons. Die Gegenstände waren in Seidenpapier eingewickelt, und es lag ein etwas dickerer Briefumschlag dabei, mit der steilen Handschrift der Tante versehen: «Nur für Lisa.» In dem Umschlag befanden sich ein handbesticktes Batisttaschentuch, darin eingewickelt der Amethyst-Anhänger, und eine Briefkarte, auf der nur wenige Zeilen standen:

«Liebe Lisa,
ich wollte, wenn auch nur kurze Zeit,
einmal dieses Medaillon besitzen.
Verzeih mir.
Deine Tante Marlene.»

Heute ist wieder Weihnachten. Lisa lächelt und legt den Schmuck um. «Ich hätte ihn dir auch noch länger geliehen, Tante Marlene.»

. . . .

Junges Glück

Kai und Angela sind schon seit Monaten ein Paar. Trotz ihrer Sehnsucht nach einem gemeinsamen Leben mußten beide noch geraume Zeit bei ihren Eltern wohnen.

Schließlich fanden sie eine kleine Wohnung, die sie bezahlen konnten. In der Vorstadt zwei Zimmer im ausgebauten Obergeschoß eines Einfamilienhauses, mit schrägen Wänden, winzigem Bad und kaum isoliertem Dach. Doch sie hatten eine eigene Klingel und konnten endlich mit sich allein sein, wann immer sie wollten.

Nach einem glücklichen Sommer und einem kaum wahrgenommenen Herbst wird die Frage immer dringlicher: Was machen wir Weihnachten?

«Heiligabend kommt ihr natürlich zu uns», bestimmen Kais Eltern wie selbstverständlich, «schließlich ist Weihnachten das Fest der Familie.»

«Wenn du willst, kannst du Heiligabend zu Kais Eltern gehen», wird Angela von ihren Eltern unter Druck gesetzt, «du mußt schließlich wissen, wohin du gehörst!»

Lange sitzen die beiden bei einem Glas Rotwein an ihrem Küchentisch, um gemeinsam eine Lösung zu finden.

«Ich hab so'n Hals auf Weihnachten», stellt Kai fest.

«Das wird der Streß des Jahres», sagt Angela nach einem tiefen Schluck aus ihrem Glas. «Wie wir es auch machen, verkehrt ist es immer. Gehen wir hierhin, sind die einen sauer, gehen wir dorthin, sind die andern beleidigt. Gib mir mal die Zigaretten rüber.»

«Du sollst nicht so viel qualmen, das ist ungesund!»

«Laß jetzt mal den Quatsch. Wir waren uns einig, vorerst keine Kinder! Denk lieber selber mal nach, wie wir Weihnachten organisieren.»

«Ihr Kinderlein kommet», summt Kai.

«Hör auf mit dem Blödsinn!»

Eine Weile sagt keiner ein Wort. «Bei uns gibt's Weihnachten immer Krach», bemerkt Kai nachdenklich. «Stell dir vor: Bescherung. Es duftet nach Plätzchen und Tannennadeln. Die Familie steht um den Baum herum, jeder schielt schon mal nach den Päckchen und versucht herauszukriegen, welche ihm zugedacht sind. Da fällt wie ein Startschuß Omas entscheidender Satz: Jetzt singen wir ein Weihnachtslied! Alle maulen. Oma bestimmt: Egon, setz dich ans Klavier! Da mein Vater ein Jahr lang keine Taste angerührt hat, weigert er sich. Oma macht auf beleidigt. Vater wird laut. Oma weint. Vater setzt sich ans Klavier und fragt angesäuert: Was wollt ihr singen? Keine Antwort. Du kannst doch alles spielen, stichelt Oma, du wolltest doch schließlich mal Pianist werden. Vater darauf: Ich kann gar nichts spielen. Dann singen wir *Vom Himmel hoch*, bestimmt Oma. Mein Vater klimpert eine Einleitung, wie, ist klar, alle fallen unterschiedlich ein, keiner kann mehr als zwei Zeilen, alle lachen, Oma wittert Verrat und rauscht ab in die Küche. Vater ist beleidigt und verzieht sich ins Arbeitszimmer, und Mutter rennt hinterher, um zu schlichten, weiß aber nicht, mit wem sie anfangen soll.»

«Bei uns ist Weihnachten auch immer Frust», fügt Angela nachdenklich hinzu. «Vater schmückt den Baum, und jede aufgehängte Kugel wird mit einem Schluck Cognac begossen. Bei der Bescherung hockt er dann schnarchend im Sessel, und Mutter rennt ständig zwischen Wohnzimmer und Küche hin und her, damit ihr der Gänsebraten nicht anbrennt. Mein kleiner Bruder

heult, weil die Geschenke nicht seinen Erwartungen entsprechen, und ich muß mich über eine Unterwäsche-
garnitur aus Angora und ein unmögliches Nachthemd
freuen, das ich nicht mal in mondloser Nacht in den Kar-
paten anziehen würde. Gib mir noch ein Glas Wein!»

«Frohes Fest!» höhnt Kai.

«Wir müssen uns wehren», stellt Angela entschlossen
fest. «Wir feiern Weihnachten, wie es uns paßt! Weihnachten ist schließlich das Fest der Liebe, und Liebe
macht Spaß!»

«Und wie!»

Kai steht auf, geht um den Tisch herum und nimmt
seine Angela in die Arme. Sie küssen sich, küssen sich in-
niger, und die Diskussion über das anstehende Weihnachtsfest wird erst einmal vertagt.

«Wir haben noch immer keinen Plan für Weihnachten»,
bemerkt Angela am nächsten Abend.

«Zu Weihnachten fällt mir nichts mehr ein!»

«Gib mir mal 'ne Zigarette rüber. Danke! Wenn wir
Heiligabend nicht zu unsern Eltern wollen, müssen wir
doch klären, was wir selber machen.»

«Wir machen es anders», murmelt Kai, «ganz anders»,
und vergräbt seinen Kopf in ein Sofakissen.

«Also ohne Tannenbaum?»

«Natürlich!»

«Und ohne Geschenke?»

«Auch ohne Geschenke!»

«Keine Plätzchen, keine Bescherung und nichts
Christliches!»

«Ohne den ganzen Zinnober!»

«Du sorgst für das Essen, ich besorge die Getränke,
und sonst lassen wir einfach alles auf uns zukommen!»

«Du sprichst mir aus dem Herzen!»

«Nimm deine Finger weg, wir müssen noch die Einzelheiten besprechen.»

«Sind doch schon alle besprochen. Wir feiern ganz spontan.»

«Ich bin einverstanden. He, was fühle ich denn da? Der kleine Weihnachtsmann möchte auch mal mitreden?»

Es wird eine stundenlange, intensive Unterhaltung mit dem kleinen Weihnachtsmann, die ohne weitere Unterbrechung in eine zärtliche Nacht übergeht.

Schließlich ist der Heilige Abend da. Den Vormittag verdösen Kai und Angela im Bett. Nach einem späten Frühstück bringt Kai den Müll vom Vortag zur Abfalltonne im Vorgarten.

«Heute sind wir wirklich ganz allein», verkündet er bei seiner Rückkehr gutgelaunt, «unsere Vermieter sind wohl in Urlaub gefahren, jedenfalls sind die Rolläden unten.»

Langsam verdrängt die Dämmerung das milchige Grau des Tages. Kai schiebt eine CD in den Player und läßt den Technosound durch die Wohnung dröhnen. Als Einstimmung auf einen unkonventionellen Heiligabend, wie er verkündet.

Angela geht zum Kühlschrank, nimmt eine Flasche Sekt heraus, und die beiden stoßen mit einem tiefen Blick in die Augen des anderen auf ein frohes Fest an.

«Eigentlich ist Sekt schon viel zu spießig», bemerkt Kai, «Wir hätten Rote-Bete-Saft nehmen sollen.»

«Igitt! Außerdem war der Sekt im Angebot!»

«War doch nicht so gemeint», entschuldigt sich Kai und nimmt Angela in den Arm. «Zieh dir schnell Mantel und Stiefel an, wir gehen in den Garten Kricket spielen.»

«Was tun wir? Es ist stockdunkel!»

«Wir gehen in den Garten Kricket spielen! Ich weiß, wo die Halogenstrahler angeknipst werden. Kricket spielen am Heiligabend unter Flutlicht ist doch mächtig cool!»

Angela lacht über Kais übermütige Idee. Sie ziehen sich warme Sachen an und gehen hinunter in den Garten, um auf der matschigen Wiese ein paar Runden zu spielen.

In den benachbarten Häusern werden die ersten Kerzen an den Weihnachtsbäumen angezündet, Fetzen von Weihnachtsliedern wehen herüber.

«Ich hab keine Lust mehr», sagt Angela nach einer Weile trotzig. «Aus dem Fenster dort oben werden wir die ganze Zeit beobachtet.»

«Ich sehe nichts.»

«Jetzt hat sich der Schatten ins Zimmer zurückgezogen.»

«Dann können wir doch weiterspielen.»

«Guck, guck!»

An dem Fenster erscheint eine Gestalt, die einen Augenblick innehält, sich dann vorbeugt und herüberwinkt. Undeutlich ist das Gesicht im Schein der Straßenlaterne zu erkennen.

«Das ist doch bloß der alte Mann, der uns vor seinem Gartentor parken läßt», sagt Kai. Er geht auf Angela zu und entdeckt eine Träne in ihren Augen. «Sei nicht traurig, weil du dreimal verloren hast!»

«Der Alte ist mir unheimlich!»

«Na, schön.» Die beiden gehen zurück in ihre Wohnung. Angela läßt sich aufs Sofa fallen. «In der Tanzschule haben wir mal auf *Morgen kommt der Weihnachtsmann* Quickstep getanzt!»

«Du warst in der Tanzschule?»

«Ich habe eben Stil!»

«Höchstens einen Besenstiel!»

Angela springt auf. «Komm, wir tanzen jetzt Quickstep!»

«Wir haben doch bloß Technoscheiben!»

«Dann werden wir eben singen!»

«Ein Weihnachtslied?»

«Mach schon», bittet Angela und schmiegt sich in Kais Arme. Ganz verhalten summt sie *Morgen kommt der Weihnachtsmann*. Kai fällt übertrieben laut ein. Doch allmählich wird er ruhiger, und schließlich wiegen sich beide zu dem leise gesungenen Weihnachtslied.

Da klingelt es unten an der Haustür. Beide halten augenblicklich inne.

«Das ist der Weihnachtsmann», frotzelt Kai. «Er hat sich bloß in der Hausnummer geirrt.»

«Vielleicht sind es deine Eltern?» überlegt Angela.

«Höchstens deine!»

Es klingelt erneut.

«Ich schau vorsichtig nach.» Angela kann ihre Neugier nicht mehr bezähmen. Auf Zehenspitzen schleicht sie ans Fenster, öffnet vorsichtig einen Flügel und späht hinunter.

«Ein Mann im schwarzen Mantel und mit einem weißen Kragen», flüstert sie Kai zu. «Ich glaube, es ist ein Pfarrer.»

«Glaub ich nicht.» Kai schiebt seinen Kopf vorsichtig zum Fenster hinaus. Gerade in diesem Augenblick schaut die Gestalt herauf.

«Es ist der Mann von drüben», sagt Kai, nachdem er sich ins Zimmer zurückgezogen hat. «Wenn wir ihn nicht verärgern wollen, müssen wir wohl aufmachen!»

«Aber keinen Schritt setzt er in unsere Wohnung!»

Sie gehen gemeinsam die Treppe hinunter, Kai vorneweg, und Angela bleibt ein paar Treppenstufen hinter ihm stehen.

Kai öffnet die Tür einen Spaltbreit.

«Frohe Weihnachten!» wünscht der Mann mit freundlichem Lächeln.

«Frohe Weihnachten», murmelt Kai.

«Was will er?» flüstert Angela ängstlich hinter ihm.

«Ich habe Sie soeben im Garten gesehen», entschuldigt sich der Mann, «und da ist mir aufgefallen, daß Sie in dieser Gegend vielleicht noch niemanden kennen und Weihnachten ganz allein feiern müssen. Da habe ich mir gesagt, Alfred, habe ich mir gesagt, die jungen Leute haben nicht mal einen Weihnachtsbaum. Ich habe also zu mir gesagt, geh auf den Speicher und hol das Plastikbäumchen runter, damit die jungen Leute wenigstens ein bißchen Weihnachtsstimmung haben!»

Der Mann holt das mühsam hinter dem Rücken versteckte Bäumchen hervor und überreicht es stolz dem sprachlosen jungen Mann.

«Ihr könnt den Baum bis Dreikönige behalten», bietet er großzügig an. «Und vor dem Zurückgeben bloß einmal mit warmem Wasser abbrausen. Das ist alles.»

Kai nimmt das Bäumchen belustigt entgegen.

«Ich geh dann mal wieder», sagt der Mann und schiebt verlegen den schmalen weißen Schal unter den Mantelkragen. «Nochmals: frohe Weihnachten!» Er geht winkend zur Straße zurück.

Kai und Angela stapfen in die Küche hinauf. Kai stellt den Plastikbaum auf den Tisch und lacht amüsiert.

«Ich mag den Baum nicht!» murmelt Angela.

«Der Krüppelkiefer fehlt nur noch die passende Beleuchtung. Wir haben doch vom Flohmarkt die Lichterkette mit den rosa Schweinchen!» Er geht zum Schuhschrank im Flur, kramt die Lichterkette hervor und dekoriert den Baum mit den Ferkelchen. Als er den Stecker in die Steckdose steckt, gibt es einen Knall, und plötzlich ist es stockdunkel im Zimmer. Die Stehlampe läßt sich nicht mehr einschalten, das Deckenlicht versagt, selbst die farbigen Punkte an der Stereoanlage sind erloschen.

Für einen Augenblick ist es still.

«Keine Panik», beschwichtigt Kai und tastet sich zum Küchenschrank, «Wir haben noch Kerzen.» Er steckt eine Kerze an und stellt sie auf den Tisch. «Es ist allerdings die letzte!»

«Mir wird es unheimlich.»

«Die Kerze brennt bestimmt noch zwei, drei Stunden.»

«Wir heizen mit Strom! Bis dahin ist die Wohnung kalt wie ein Felsenkeller.»

«Kein Grund zur Aufregung! Ich schalte die Sicherung gleich wieder ein.»

«Wo?»

«Unten bei ... Scheiße, die sind ja weggefahren.»

In Erwartung der einbrechenden Kälte will sich Kai an Angela kuscheln, doch sie mag nicht.

«So langsam kriege ich Hunger», lenkt Kai verlegen ab und versucht, auf seine Armbanduhr zu gucken.

«Der Alte hat mich an irgend jemanden erinnert.»

«Ich weiß nicht, wo unser Essen bleibt», murmelt Kai. «Ich habe uns eine Super-Sonder-Weihnachts-Pizza für sechs Uhr bestellt, und jetzt ist es schon sieben.»

«Wer soll denn die Pizza bringen?»

«Der Mann von *La Stella*!»

«Heute, am Heiligen Abend?»

«Ich habe mich extra erkundigt. *Gino* liefert am ersten und zweiten Weihnachtstag, der Home-Service in der Ackergasse hat bis Neujahr geschlossen, doch *La Stella* hat mir ausdrücklich und auf Rückfrage zugesichert, daß an allen Weihnachtstagen geöffnet ist und ausgeliefert wird.»

«Stimmt! Aber Heiligabend ist kein Weihnachtstag!»

«Was ist Heiligabend denn?»

«Ein ganz gewöhnlicher Tag, an dem mittags alle Geschäfte dichtmachen. Jedenfalls sind nur der erste und zweite Weihnachtstag richtige Weihnachtstage.»

«Bei euch Katholiken vielleicht! Bei uns Protestanten wird vom ersten Advent bis Neujahr gefeiert!»

«Daß ich nicht lache!»

«Ach, nimm mich nicht so ernst», bittet Kai, «ich bin bloß sauer. Du hast sicher recht. Aber wo sollen wir jetzt etwas zu essen herkriegen?»

Er steht auf, geht zum Küchenschrank, sucht und holt zwei längliche Dosen heraus, die er auf den Tisch unter den Baum stellt. Dann findet er noch eine Packung Knäckebrot und stellt sie daneben. «Heringsfilet in Meerrettichsoße, das ist doch bestimmt nicht spießig!»

«Ich habe wenigstens ausreichend Wein gekauft», erklärt Angela und holt eine Flasche Weißwein aus dem Kühlschrank.

Angela stochert mit der Gabel in der Dose.

Kai hebt einen Brocken Fisch mit tropfender weißer Soße heraus und hält ihn Angela vor den Mund. «Ist das nicht ein feiner Gänsebraten, mein Schatz? Wie zart und knusprig er ist!»

«Ach, laß mich doch in Ruhe!»

«Es könnte natürlich auch Sauerbraten sein.»

Angela schiebt ihre Dose zur Seite.

«Woran denkst du gerade?»

«An den Alten. Ich habe ein Gefühl, als stünde er neben mir.»

«Ich werde dich aufheitern: Machen Sie sich frei, Madame, am besten bis zum Bauchnabel!» Kai springt auf. «Ich habe eine kleine Überraschung für Ihr wunderschönes Dekolleté vorbereitet!» Er geht ins Schlafzimmer und kommt gleich darauf mit den Händen auf dem Rücken zurück. «Nun mach schon die Knöpfe auf!»

Angela weicht zurück und hält die Arme wie zur Abwehr vor ihre Brust. Kai faßt es als Herausforderung auf, schmeißt sich aufs Sofa und zieht sie mit sich.

Die Kerze erlischt.

«Hör bitte auf!»

«Du wirst doch eine fast echte Indianerkette nicht verschmähen wollen? Ich habe sie mit Liebe eigenhändig unter Wasser geklöppelt.»

In der Ferne ertönen zögernd die ersten Kirchenglocken, weitere stimmen ein, und schließlich schwingt voll und schwer das ergreifende Weihnachtsgeläut in die kleine Stube.

«Nun hab dich doch nicht so», schmeichelt Kai und will Angela auf den Mund küssen.

Sie stößt ihn weg und springt auf. «Du Schwein! Rühr mich nicht an. Hau ab! Du ekelst mich an.»

«Wer, ich?» fragt Kai verdattert.

«Ich kann nicht mehr, ich muß hier raus!» Angela springt auf, stößt gegen den Tisch, fällt beinahe über einen Stuhl, dann ist sie hinaus und stolpert die Treppe hinunter.

Kai stürzt ihr auf Socken hinterher. Erst am Gartentor holt er sie ein. «Bleib doch bitte stehen!» fleht er und faßt sie von hinten um die Taille.

Sie wehrt sich verzweifelt. Er dreht sie um, sie trommelt mit beiden Fäusten gegen seine Brust, schreit und bricht weinend an seiner Schulter zusammen.

Sie muß sofort ins Warme, schießt es Kai durch den Kopf, damit sie sich keine Erkältung holt. Doch sie scheint wie gelähmt und läßt sich keinen Schritt vorwärtsbewegen.

Er kann sie doch nicht einfach durch den Matsch schleifen. Er lacht ungewollt auf. Wenn sie leichter wäre, könnte er sie als Jesuskind auf seinen Händen tragen. So bleibt ihm nur, sie auf den Rücken zu nehmen und wie einen Mehlsack zum Haus zurückzuschleppen.

Mühsam zieht er sie die Treppe hinauf, legt sie aufs

Sofa, wickelt ihre Füße in eine Decke und breitet die Schlafdecke über sie aus.

«Bitte», flüstert Angela, «ich kann die Dunkelheit nicht ertragen.»

«Wir haben kein Licht mehr», stellt Kai ratlos fest.

«Dann bring mich nach Hause. Bitte.»

Kai stützt Angela, sie zieht sich mühsam Stiefel und Mantel an, er schlüpft in seine Turnschuhe, dann steigen sie vorsichtig die Treppe hinunter und gehen zum Auto.

Oben aus dem Fenster schaut der neugierige Nachbar. Erst beim dritten oder vierten Versuch springt der Wagen an. Sie fahren aus dem dunklen Vorort hinaus in die erleuchtete Innenstadt.

Mit zunehmendem Licht weicht Angelas Erstarrung. Ein paarmal nimmt sie Anlauf, dann findet sie endlich die ersten Worte.

«Ich habe es jahrelang verdrängt. Es war damals, damals beim Krippenspiel. Heiligabend in der Kirche. Ich war gerade dreizehn geworden. Wir warteten in der dunklen Sakristei auf unseren Auftritt. Nur eine Kerze brannte. Unser Pfarrer gab die Einsätze.»

«Du brauchst nicht zu reden!» sagt Kai. Doch sie spricht weiter, leise und von Schluchzern unterbrochen.

«Ich war der letzte Hirte und mußte mit dem Pfarrer in der Sakristei warten. Auf sein Zeichen sollte ich hinausgehen und die frohe Botschaft verkünden.»

Angelas Nase läuft, Kai kramt in seiner Hosentasche und reicht ihr sein Taschentuch.

«Doch als die Glocken zu läuten begannen, blies der Pfarrer die Kerze aus und drückte mich mit seinem Körper gegen die Wand. Er küßte mich, sein Atem stank nach Schnaps, seine Hände grapschten überall an meinem Körper herum, und ich konnte mich nicht wehren. Erst mit dem letzten Schlag der Glocke ließ er von mir ab.»

«Was hast du dann gemacht?» fragt Kai entsetzt.

«Ich bin hinausgegangen und habe gerufen: Ehre sei Gott in der Höhe! Dann bin ich umgefallen. Alle haben geglaubt, meine Ohnmacht käme von dem benebelnden Weihrauchqualm. Niemand hat mich gefragt, was wirklich passiert ist.»

Edeltraud Seysen

· ·

DIE FRAU AM ALTAR

Winterlich wirkte er nicht, dieser Heilige Abend, eher
vorfrühlingshaft. Das Gras zwischen den Wohnblöcken
wies ein sattes Grün auf, ein sehr sanfter Wind wehte bei
einer Außentemperatur von siebzehn Grad Celsius. Wie
jedes Jahr ging Katja auch an diesem Heiligen Abend zum
Gottesdienst, teils der christlichen Feier wegen und teils,
weil sie in der Kirche Bekannte traf und mit ihnen ein
paar Worte wechseln konnte.

Katja lebte allein. Die Familie, aus der sie kam, war
über ganz Deutschland verstreut, und die Familie, die sie
gegründet hatte, war es ebenfalls.

Katja lebte nicht ungern allein, doch an manchen Tagen hätte sie ganz gern jemanden in ihrer Nähe gehabt,
mit dem sie sich unterhalten konnte. So auch an den
christlichen Feiertagen, wenn sie mehr als zwei Feiertage
bescherten, wie in diesem Jahr.

Nun saß sie in der Kirche, weit hinten im Schatten
einer Säule. Der weihnachtlich geschmückte Baum im
Altarraum mit den brennenden Kerzen wirkte märchen-
haft, verträumt betrachtete sie die Szenerie. Erinnerungen an die Kindheit wurden geweckt. Sie lauschte der
Predigt des Pfarrers nur mit halbem Ohr, seine monotone
Stimme ließ ihre Gedanken schweifen.

Obwohl Katja nicht eingeschlafen war, rieb sie sich die
Augen, weil sie nicht zu glauben vermochte, was sie sah:
Bei den Krippenfiguren stand eine Frau, die sich zu den
Figuren hinunterbeugte und nach ihnen griff, um sie zu

ordnen. Dabei hörte Katja die Frauengestalt sagen: «Wenn ich das Kind an einen anderen Platz stelle, wird die Mutter ihm genauso nah und genauso fern sein wie jetzt.» Dann verschwand die Gestalt, als hätte sie sich im Kerzenlicht aufgelöst, und die Krippenfiguren standen am selben Platz wie zuvor.

Der Gottesdienst verlief völlig störungsfrei.

Katja war durch diese Erscheinung, die offenbar nur sie allein wahrgenommen hatte, beunruhigt und ging nach dem Gottesdienst recht schnell nach Hause. Als sie ihr Wohnzimmer betrat, sah sie die gleiche Frauengestalt an ihrem Schreibtisch stehen und hörte sie wieder sagen: «Es ändert gar nichts, wo die Kinder auch stehen mögen, sie sind der Mutter immer gleich nah und gleich fern.»

Dann löste sich die Gestalt auf.

Vollkommen ruhig ging Katja zum Schreibtisch, sah sich noch einmal die Weihnachtsgrüße ihrer Kinder an und überlegte: Wer war diese Frau? War es meine Mutter, die sich an mich gewandt hat – oder war ich es, die sich an meine Kinder wendet?

Mein Bruder

Der Heilige Abend war da. Bald würden die Kerzen am Baum brennen; doch es war noch etwas Zeit bis dahin. So setzte sich die alte Frau in einen Sessel ins dämmerige Zimmer und ruhte sich aus. Wie immer gingen an solchen besonderen Tagen ihre Gedanken in der Zeit zurück, heute zu früheren Weihnachten. Ein Heiliger Abend schob sich wieder in den Vordergrund:

Sie war damals noch jung, Anfang zwanzig; es war Krieg. Mit Mutter und den jüngeren Geschwistern hatte sie still den Weihnachtsabend verbracht; und alle zusammen hatten sie gebetet für den Vater und zwei Brüder, die im Krieg waren. Dann war sie in ihr Zimmer gegangen. Zur Christmette war es noch zu früh. Plötzlich hörte sie ihren Namen rufen und antwortete: «Ja.» Noch einmal ertönte der Ruf. «Ich bin hier, wer ist da?», fragte sie. Niemand antwortete ihr. Der Klang ihres Namens war ihr noch ganz deutlich hörbar, als sie plötzlich wußte, der Rufer war einer der Brüder. Dann sah sie noch, wie das Bild dieses jungen Soldaten von ihrem Schreibtisch auf den Boden fiel. Sofort ahnte sie, daß mit ihm etwas geschehen war.

Später kam die Todesnachricht. An diesem Abend war er gegen zehn Uhr in einem Heimatlazarett gestorben. Oft hatte sie ihn besucht und gehofft, daß er die schweren Verletzungen, die er als Meldegänger am Ilmensee in Nordrußland erlitten hatte, doch überstehen würde.

. . . .

HEILIGABENDGESPENSTER

Weihnachten ist woanders ganz anders.

Weihnachten im Süden Afrikas, fast genau auf dem Wendekreis des Steinbocks, bedeutet das Ende des Schuljahres. Versetzungszeugnisse vor den sehnlichst erwarteten großen Ferien verursachen ohnehin schon Nachtgespenster!

Es ist die heißeste Zeit des Jahres. Noch hat der Regen nicht im Hochland eingesetzt, ersehnter Regen nach vielmonatiger Trockenzeit.

Alles packt für die Ferien an der Küste, der nebligen Küste zwischen Wüstenrand und kaltem Atlantik. Hund Schmidt – ohne Versetzungsängste – weicht während der aufwendigen Packerei nicht von Kisten und Koffern.

In der Hütte am Meer finden sich alle am späten Nachmittag des Heiligen Abends bei strahlender Sonne zum Kirchgang ein, mit Schuhen und Strümpfen! Der Baum, ach was, Baum! Die geschmückten und bekerzten Weißdornzweige werden erst spät angezündet, erst dann, wenn die Sonne über dem Atlantik untergegangen ist. Das Kerzenlicht braucht ein bißchen Dämmerung.

Wenn es dann ganz dunkel ist, wird noch ein langer Spaziergang am Strand gemacht, barfuß. Schmidt wartet schon darauf, den ganzen für ihn langweiligen Nachmittag lang.

Wir laufen entlang am weiten, sanftbuchtigen Südstrand. Die Brandung ist flach, gleichmäßig, jede siebte Welle schlägt stärker auf, bricht sich im Mondlicht.

Schmidt ist hundsaufgeregt, ein wenig furchtsam, rennt vor und zurück, nie zu weit weg, bellt den Mond und die überwältigend vielen und gleißenden Sterne an.

Die Nächte an der Küste sind wunderbar, doch auch unheimlich. Menschen sind ganz klein zwischen Meer und Land. In solchen Nächten, zumal der Heiligen Nacht, wenn alle Seevögel still sind und nur die Schakale heiser husten, dann bleiben wir stehen und suchen am Himmel unser Sternbild, jeder seins. Sie sind schwer in dem nächtlichen Himmelsfeuerwerk zu finden, und je länger wir hinaufsehen, desto öfter bilden sich aus unzähligen funkelnden Sternchen ganz irdische Figuren, freundlich vertraute wie eine ferne Tante oder, guck! da ist der alte Eliphas, der Schulhausmeister! Aber die Kinder entdecken auch die Gestalt einer gefürchteten Lehrerin, fast dürr, sieh! Da sind ihre stechenden Augen! Ein richtiges Gespenst! Geschieht ihr recht!

Die Kinder flüstern. Vielleicht sind sie ja doch im Himmel zu hören?

Nur die Kleinste hat sich ein entzückendes Gespenstchen ausgesucht, ganz weich und klein und rund, wir können es alle wirklich sehen! Es flattert an der Seite der bedrohlichen Lehrerin. Ob die durch das sanfte Sternenwesen im nächsten Jahr milder gestimmt wird?

Und Schmidt bellt ausdauernd und mutig einen einzigen Stern an, den hellsten, Sirius, den Großen Hundsstern, und drängt dabei seine zitternden Flanken zwischen unsere Beine. Mit seinem Hundegespenst wird er schon fertig! Jedes Jahr!

Der Blutige Hans

Dezember 1933.

Langsam rattert der Zug in den Bahnhof von Schlitz, dem kleinen Städtchen in Nordhessen.

Am Bahnsteig steht ein großer, schlanker Mann in einem schwarzen Mantel mit Samtkragen.

Ich stürme auf ihn los und schreie: «Hallo, Opa!»

Er umarmt mich und sagt: «Hallo, mein Junge, wie schön, dich zu sehen.»

Er begrüßt anschließend meine Eltern, ergreift unseren Koffer, stellt ihn auf einen Rodelschlitten und sagt lachend: «Ich denke, das ist ein gutes Transportmittel.»

Die Straßen und Häuser sind von einer dichten Schneedecke bedeckt, und Frau Holle schüttet immer noch dicke Flocken vom Himmel.

Auf dem Wege vom Bahnhof zu dem Haus meiner Großeltern kann man das Wahrzeichen von Schlitz, vier Burgen, umgeben von einer hohen Stadtmauer, sehen.

Es ist teilweise nicht leicht, den Schlitten mit dem Koffer zu ziehen, da das Pflaster sehr grob ist und die Straßen abwechselnd bergauf und bergab führen.

Als wir am Stadtberg vorbeikommen, sehe ich zahlreiche Kinder, die mit ihren Schlitten den Berg herunterrasen.

Ich möchte am liebsten unseren Koffer von Großvaters Schlitten werfen und bei dem fröhlichen Treiben mitmachen.

Der Großvater muß meine Gedanken erraten haben,

denn er sagt: «Morgen gehen wir beide gemeinsam Schlitten fahren. Es gibt hier noch andere Schneebahnen, wie zum Beispiel am Knottenberg und Grabenberg. Ich bin sicher, wir beide werden dort sehr viel Spaß haben.»

Die Gassen, durch die wir nun gehen und die von kleinen Fachwerkhäusern gesäumt sind, werden immer enger. Vor jedem Haus befindet sich ein großer Holzhaufen.

Von Zeit zu Zeit begegnen uns Pferdefuhrwerke und Ochsenkarren sowie Männer und Frauen, die Holz oder Mist mit kleinen Handwagen oder Schubkarren transportieren.

Endlich gelangen wir zum Haus meiner Großeltern, einem Fachwerkhaus, das gleich neben einem großen Park, dem Schloßpark, liegt.

An der Haustür ist ein großes Messingschild angebracht. Ich kann zwar mit meinen fünf Jahren noch nicht lesen, aber ich kenne die Aufschrift: Johannes Schmidt, Schneidermeister.

Der Großvater heißt tatsächlich mit Vornamen Johannes, aber alle Freunde und Bekannte nennen ihn nur den «schwarzen Jean».

Mit seinen pechschwarzen Haaren und dem großen Schnurrbart wirkt er auch sehr fremdländisch.

Wir treten ein und werden von meiner Großmutter begrüßt, die vor Vorfreude auf unseren Besuch ganz rote Wangen hat.

Sie ist zwei Köpfe kleiner als der Großvater und wirkt zerbrechlich wie eine Porzellanpuppe.

Über ihr langes, dunkles Kleid hat sie eine blau-weiß-karierte Leinenschürze gebunden.

An den Füßen trägt sie «Ferwes», eine Art Pantoffel aus Stoff, die in Schlitz bei Männern und Frauen, bei jung und alt, sehr beliebt sind.

Wir gehen die steile Holztreppe hinauf und betreten die große Schneiderwerkstatt, die auch als Eßzimmer dient.

Ein mächtiger Kachelofen erwärmt den Raum.

Kaum haben wir Platz genommen, klingelt es an der Haustür.

«Das sind bestimmt Onkel Kurt und Tante Fränzel», sage ich hoffnungsvoll, und ich habe recht.

Es sind meine Taufpaten. Sie haben keine Kinder, und vielleicht ist dies der Grund, daß sie mich beide sehr lieben. Auch ich habe sie sehr gern.

Wir umarmen uns lange, und ich frage meinen Onkel: «Petter, ich habe gehört, du hast schon wieder ein neues Auto gekauft?»

Mein Pate, der den gleichen Vornamen hat wie ich und den ich «Petter» nenne, lacht und sagt: «Das stimmt. Morgen werden wir mit meinem neuen Opel mal eine Probefahrt unternehmen.»

Ich freue mich darauf, denn in Schlitz und Umgebung gibt es nur wenige Autos.

Der Onkel benötigt sein Auto oft, denn er ist Landarzt in einem kleinen Dorf in der Nähe von Schlitz, und er muß häufig weite Strecken fahren, um einen kranken Bauern auf einem abgelegenen Hof zu besuchen.

Der Petter ist ein großer, breitschultriger Mann. Er hat kurzgeschnittene Haare und einen Schnurrbart, der jedoch nicht so mächtig ist wie der meines Großvaters.

Auf der linken Wange hat er zwei große Narben. Mein Vater hat mir erzählt, daß diese aus des Onkels Studentenzeit herrührten, als viele Studenten Gefallen daran fanden, einander mit scharfen Säbeln zu messen.

Die Tante Fränzel ist eine sehr dünne Frau mit lebhaften braunen Augen. Sie hat einen kurzen Ponyhaarschnitt und ist immer nach der neuesten Mode gekleidet.

Meine Mutter erzählte mir, daß die Tante vor ihrer Ehe viele Verehrer gehabt habe. Bei meinem Onkel aber habe sie dann ihre große Liebe gefunden.

Es geht nun lebhaft zu in des Großvaters Werkstatt, und es gibt viel zu erzählen.

Langsam wird es Abend, und der Großvater zündet die Kerzen des großen Christbaums an, der mit bunten Kugeln, Sternen und Äpfeln geschmückt ist.

Unter dem Christbaum steht eine kleine Krippe, in der das Jesuskind liegt. Daneben befinden sich Maria, Joseph, mehrere Hirten sowie ein Esel und eine Kuh.

Die Stunde der Bescherung ist gekommen. Alle packen ihre Geschenke aus und freuen sich über die liebevoll ausgesuchten Gaben.

Meine Eltern erfüllen mir einen langgehegten Wunsch, ich erhalte ein Kasperletheater mit sechs Puppen.

Das Kasperletheater kann man beleuchten, und mein Vater berichtet voller Stolz, daß er es selbst gebastelt habe.

«Nun aber laßt uns essen, ich habe schon einen großen Hunger», sagt der Großvater.

Es gibt mein Lieblingsgericht, Kartoffelklöße, Rotkraut und Sauerbraten.

Großmutters Kartoffelklöße sind die besten, die ich kenne. Ich glaube, sie benutzt ein Geheimrezept, und ich hoffe, daß sie es mir eines Tages verraten wird.

Zum Nachtisch gibt es Bratäpfel mit Vanillesoße.

Nach dem Essen zündet der Großvater seine Pfeife an, und die Anwesenden erzählen, wie sie Weihnachten während ihrer Kindheit gefeiert haben.

Mein Vater stammt aus einem Bauernhof im Odenwald. Er berichtet, daß man, um zur Mitternachtsmette in einen Nachbarort zu gelangen, eine Stunde durch einen großen Wald hat laufen müssen.

Meistens sei es bitter kalt gewesen, und man habe große Stallaternen getragen, um sich auf dem Weg zu leuchten.

Plötzlich höre ich aus dem benachbarten Schloßgarten, der dem Grafen von Schlitz gehört, ein lautes Schreien.

Ich stürze an das Fenster und schaue in die dunkle Nacht, kann aber nicht sehen, was da draußen passiert.

«Ist das die Rotfront?» frage ich.

Alle lachen, und mein Großvater sagt: «Junge, die Rotfront gibt es nicht mehr.»

Ich bin hierüber etwas verwirrt, denn ein Jahr zuvor kam es in dem Frankfurter Arbeiterviertel, wo wir wohnen, sehr oft vor, daß laute Schreie auf der Straße ertönten.

Dabei hörte ich immer wieder den Ausruf «Rotfront», wußte aber nicht, was das bedeuten sollte.

Mein Vater erzählte mir dann, daß es Mitglieder politischer Parteien seien, die sich mit Worten und mit Fäusten auf der Straße bekämpften und dabei ihre Parolen, wie zum Beispiel «Rotfront», herausschrien.

«Warum gibt es denn die Rotfront nicht mehr, Opa?» frage ich den Großvater.

«Junge, wir haben jetzt eine neue Regierung unter Führung von Adolf Hitler. Seit dieser Zeit gibt es nur noch die Hitler-Partei, alle anderen Parteien aber, also auch die Vereinigung der Rotfront, wurden verboten.»

Mein Petter, so vermute ich, kann diesen Hitler nicht leiden, denn meine Tante erzählt:

«Seit dem Regierungswechsel, wie ihr ja wißt, grüßen fast alle Leute nur noch mit ‹Heil Hitler›. Wenn Kurt jedoch von einem seiner Patienten in dieser Weise angesprochen wurde, erwidert er immer ‹Heil ihn selbst›.»

Die Erwachsenen lachen, und mein Großvater sagt zu dem Petter: «Da machst du dich aber bei den Hitler-

Freunden sehr unbeliebt. Hoffentlich verlierst du dadurch nicht eine Menge Patienten.»

Es ist inzwischen schon zehn Uhr, und wir beschließen, alle zusammen um elf Uhr in die Messe zu gehen.

«Opa», sage ich, «du kennst doch immer so spannende Geschichten. Willst du uns nicht eine erzählen?»

«Gerne, mein Junge», sagt der Großvater und zieht bedächtig an seiner Pfeife. «Also, nun höre einmal gut zu. Im Jahre 1733 gab es im Schlitzerland eine Räuberbande, ihr Hauptmann hieß der Blutige Hans. Die Bandenmitglieder waren in lange schwarze Gewänder gekleidet. Sie zogen mordend und plündernd durch das Land und verbreiteten natürlich große Angst.

Endlich war es den Soldaten jedoch gelungen, eine Scheune zu umstellen, in der die Räuber dabei waren, ein großes Gelage zu halten.

Einer der Soldaten konnte sich heimlich heranschleichen, und er zündete die Scheune an.

Diese stand in wenigen Augenblicken in Flammen, und alle Räuber verbrannten.

Der Blutige Hans aber stieß vor seinem Tod noch eine schlimme Verwünschung aus. So wird berichtet, daß alle hundert Jahre ein Feuer in einem Gotteshaus entstehen und hierbei viele Menschen verbrennen würden. Tatsächlich traf dies auch zu.

1833 kamen über zwanzig Menschen bei einem Brand in einer Kapelle um.

Wir haben nun 1933, also wiederum hundert Jahre später. Demnach müßte der Brand sich wiederholen. Du sollst aber keine Angst haben, Junge, ich glaube nicht, daß ein solches Unglück noch einmal auftreten wird.»

Ich denke lange nach.

«Warum gebt ihr unserem Jungen nicht ein Glas von unserem Rotwein?» sagt mein Petter.

«Mit fünf Jahren ist er für Alkohol doch noch zu jung»,
protestiert meine Mutter.

Aber mein Onkel setzt sich wie immer durch und
schenkt mir ein großes Glas ein.

Ich finde es aufregend, und es schmeckt mir auch gut.

Kurze Zeit später stapfen wir alle durch den tiefen
Schnee, auf dem Weg zur Kirche.

Dichtgedrängt sitzen wir in den Bänken, jung neben
alt. Es ist alles sehr feierlich, und wir singen die Weihnachtslieder *O du fröhliche, Kommet, ihr Hirten* und *Es ist
ein Ros entsprungen.*

Als die Messe fast zu Ende ist, ertönt plötzlich ein
fürchterlicher Schrei: «Feuer, die Kirche brennt.»

Im gleichen Augenblick dringen schwarzgekleidete,
furchterregende Gestalten in das Gotteshaus ein.

Ich will rennen, rennen und kann nicht.

Der Blutige Hans ist zurückgekehrt.

Doch was ist das? Ich schrecke plötzlich auf und sehe,
daß der Spuk verschwunden ist.

Ich war eingeschlafen und hatte alles nur geträumt.

Trotzdem spüre ich einige Augenblicke noch etwas
Angst und bin sehr froh, daß der Traum vorüber ist.

Die Messe geht nun dem Ende zu.

Wir singen *Stille Nacht, heilige Nacht,* und der Pfarrer
wünscht allen vom Altar aus ein fröhliches Weihnachtsfest.

Auf dem Heimweg erzähle ich meinen Traum, und
alle lachen.

«Siehst du», sagt meine Mutter zu meinem Onkel.
«Das verdanken wir dem Rotwein, der Junge ist eben
noch zu jung für den Alkohol.»

· · · · · · · · · · · · · · · · · · · ·

FLÜGELÄRMEL UND VOLANTS

Ich werde niemandem davon erzählen. Carola schon gar nicht. Sie hat mir nicht geglaubt, daß ich mich richtig darauf freue, nach all den turbulenten Heiligen Abenden meines Lebens dieses Mal allein zu sein.

Ich bin gern bei mir. Warm schimmert das Licht. Alfred Brendel spielt Mozart für mich, auf dem Tisch Brot und Wein und das schöne Porzellan. Ich genieße alles und widme mich dann der Weihnachtspost. Das Telefon läutet, die Kinder. Ja, euch auch. Und vielen Dank. Nein, ich bin nicht traurig.

Das Päckchen von Anna enthält zu meiner Freude eine CD mit der Hörspielfassung von *Sofies Welt*. Den Bestseller von Jostein Gaarder, Jugendbuch, Detektivgeschichte und Philosophiebuch in einem, habe ich schon bis zur Hälfte gelesen und bin nun auf die Funkbearbeitung gespannt.

Die Straffung tut den Lektionen des klugen Professors gut, und Sofies Stimme klingt genau so, wie ich mir die muntere Person vorstelle. Ich lösche die Lichter bis auf eine Kerze und mache es mir auf der Couch bequem.

Jetzt sind die Zwei, Lehrer und Schülerin, bei Platons Ideenlehre angekommen. Sein Höhlengleichnis hat mich schon immer fasziniert.

Und wie im Traum gleite ich in eine Welt von Licht und Schatten, Sein und Schein. Bilder aus dem Buch meines Lebens stellen sich ein und gewinnen neue Bedeutung in ungewohnten Konstellationen.

Plötzlich spüre ich ein Wesen hinter mir und fühle den sanften Druck einer Hand auf meiner Schulter.

Ich höre eine zarte Stimme sagen: «Dreh dich um und schaue mich an. Erkennst du mich?»

Ich sehe große Augen in einem schmalen Gesicht, das von langen, offen getragenen Haaren eingerahmt wird. Den Kopf schmückt ein Kranz aus Rosen und Frauenmantel.

Seltsam vertraut scheint mir diese Gestalt. Trägt sie nicht mein Lieblingskleid mit den Flügelärmeln und den Volants? Ich strecke meine Hand aus, um den Stoff zu berühren, und fühle mich plötzlich in unseren alten Gartenpavillon versetzt.

Es ist früh am Abend, und der Himmel leuchtet in den gleichen Farbtönen wie mein schönes Kleid, von Rosa bis zum dunklen Violett. Eine breite Trauerweide wiegt ihre schlanken Zweige, darunter steht mein Puppenwagen. Eine schwarzweiße Katze hat es sich darin bequem gemacht. Knarrend schaukelt ein Brett hin und her, es hängt zwischen Hanfseilen, die an den dicken Ästen eines Birnbaums befestigt sind.

Verwundert drehe ich meinen Kopf. Da steht das Wesen noch hinter mir, und ich frage es leise: «Wo kommst du her und was willst du von mir?»

Es antwortet: «Da, wo ich jetzt bin, finde ich keine Ruhe, bis du mir drei Fragen beantwortet hast. Die erste heißt: Träumst du noch?»

Ich sage ihm, daß ich noch träume. Nicht mehr die alten Kinderträume vom Prinzen und dem Einhorn, vom häßlichen Zwerg, der mich in seine Höhle lockte, von meinem Besuch im Schlaraffenland, nein. Sondern davon, was wirklich zu tun ist in diesen Zeiten. Und ich erzähle begeistert von einer Vision, die nicht Utopie bleiben darf: daß der Mensch dem Menschen ein Helfer

werden möge, wie es Bertolt Brecht in einem Gedicht er-
bittet, das *An die Nachgeborenen* heißt.

Nun stellt das Wesen seine zweite Frage: «Kannst du
noch staunen?»

«Ja freilich», erwidere ich. «Auch wenn ich alt und grau
geworden bin, das Leben ist für mich voller Wunder. Und
wird es bleiben bis über den Tod hinaus.

Jeden Morgen geht die Sonne auf, und in der Nacht
ziehen die Gestirne am Firmament nach kosmischen Ge-
setzen ihre Bahn. Manche Sterne sind schon seit Jahrtau-
senden erloschen, und ihr Licht erreicht die Erde noch.
Und die Natur mit ihrem Wachsen, Blühen, Gedeihen
und Vollenden! Sie ist zu allen Jahreszeiten unser großer
Lehrmeister und bringt uns das Staunen bei.»

Und nun will der Geist wissen: «Hast du noch dein
altes Lachen von früher?»

«Ach, es war mir unterwegs verlorengegangen», ge-
stehe ich. «Aber jetzt habe ich ein neues. Hör mal!»

Und ich lache leise, über alle Klippen und Irrwege
meines Lebens hinweg. Und mein Lachen scheint dem
Geist zu gefallen.

Ein Leuchten geht von ihm aus, er beugt sich über
mich und flüstert: «Da bin ich ja noch bei dir und muß
nicht im Fluß des Vergessens vergehen. Ich danke dir!»

Es läuten die Glocken zur Christmette, und ich erwache. Lautlos schwebt der Mädchengeist in dem Kleid mit
den Flügelärmeln und Volants hinaus in die Sternen-
nacht.

Ich trete an die Tür zum Garten. Da liegt eine Rose.
Mitten im kalten Winter, wohl zu der halben Nacht.

. . . .

EINE STIMME

Es schneite unaufhörlich. Dicke Flocken woben einen dichten Schleier, durch den die Umrisse des gegenüberliegenden Hauses kaum mehr zu erkennen waren. Das Außenthermometer zeigte minus zehn Grad, und auch das Barometer versprach konstantes Winterwetter.

Ich stand am Fenster meines Zimmers im obersten Stockwerk unseres Hauses und sah dem Schneetreiben zu. Der große Ahornbaum vor dem Haus reichte mit seinen Ästen fast an das Fenster heran. Im Frühjahr würden wir ein paar Zweige beschneiden müssen. Es war der erste Winter, den ich wieder in meinem Elternhaus verbrachte. Nach meiner Heirat hatte ich lange im Ausland gelebt und war nun nach dem Tode meines Mannes in die Heimat zurückgekehrt.

Über der menschenleeren Straße lag eine wohltuende Stille. Nur ab und zu hörte man ein leises Knacken in den Ästen. Der lange, heiße Sommer hatte sie dürr gemacht, und nun drohten sie, unter der schweren Last des Schnees zu brechen.

Rechts, wo die Straße hinter einer Biegung verschwand, verbreitete eine alte Gaslaterne diffuses Licht. Wir wohnten in einer wenig frequentierten Seitenstraße, die nun gänzlich vom Schnee in Besitz genommen worden war. Weder Fuß- noch Reifenspuren waren zu sehen. Der Gartenzaun trug dicke weiße Schneehäubchen. Alles strahlte Ruhe und Frieden aus, ganz so, wie es sich für einen Weihnachtsabend gehörte.

Es war später Nachmittag. Die Dämmerung war heute besonders früh hereingebrochen. Im Zimmer wurde es dunkel. Ich schaltete das Licht der Stehlampe ein und suchte im Bücherschrank nach einer geeigneten Lektüre, mit der ich die Zeit bis zur abendlichen Bescherung zu überbrücken gedachte. Ich las die Titel auf den Buchrücken. Wie vertraut mir diese Bücher waren. Wie alte Freunde kamen sie mir vor.

Da fiel mein Blick auf ein altes Tagebuch, das wohl jemand zwischen die Bücher gestellt hatte. Noch heute besitze ich Tagebücher. Schon als junges Mädchen hatte ich begonnen, Erlebtes, Ersehntes und Erträumtes auf diese Weise festzuhalten. Ich war ein Einzelkind und hatte es immer bedauert, keine Geschwister zu besitzen. Am liebsten hätte ich eine Schwester gehabt. Keine noch so gute Freundin konnte sie mir ersetzen, wie mir schien. Da ich ständig das Bedürfnis hatte, mich anderen mitzuteilen, begann ich, einem Tagebuch anzuvertrauen, was mich bewegte. Oft füllten die Eintragungen eines einzigen Tages mehrere Seiten.

Wahllos schlug ich das Buch auf. Was da niedergeschrieben stand, lag viele Jahre zurück. Damals ging ich noch zur Schule, und das Ereignis, von dem ich berichtete, hatte mein junges Leben zum ersten Mal schwer belastet. Die Schwester meiner besten Freundin war bei einem Verkehrsunfall ums Leben gekommen. Ich begann zu lesen:

«... Wie schrecklich muß es sein, eine Schwester zu verlieren, einen Menschen, den man geliebt, mit dem man aufgewachsen war und der nun plötzlich nicht mehr lebte, den man nie mehr wiedersehen würde! Ich werde alles tun, um Inge über den Verlust hinwegzuhelfen. Jetzt, wo sie genauso allein ist wie ich, werde ich versuchen, ihr eine Schwester zu sein.»

Meine Gedanken begannen zurückzuschweifen. Ich erinnerte mich, wie es mir allmählich gelungen war, durch Trösten, Mittrauern und viel Liebe meiner Freundin Halt zu geben. Unser freundschaftliches Verhältnis wurde immer enger; wir wurden wie Schwestern. Noch heute denke ich gerne an diese Zeit zurück. Trotz räumlicher Trennung blieben wir immer in Verbindung. Wir tauschten viele, lange Briefe, bis meine Freundin vor zehn Jahren nach schwerer Krankheit verstorben war.

Ein Klopfen an der Tür riß mich aus meinen Gedanken. Mein Vater bat mich, herunterzukommen. Es war spät geworden. Ich legte das Tagebuch zur Seite, nicht ohne meine Hand noch einmal zärtlich über den weichen Ledereinband zu streichen. Dann löschte ich das Licht und folgte meinem Vater.

Im Wohnzimmer empfing mich eine wohlige Wärme. Der Raum war festlich geschmückt. In der Ecke stand der große Weihnachtsbaum zwischen Buffet und Kredenz – zwei Möbelstücken, die in den zwanziger Jahren unbedingt zur Einrichtung eines gutbürgerlichen Hauses gehörten, bevor Schrankwände und Anbaumöbel in Mode kamen. Ein breites Sofa und gemütliche Sessel luden zum Verweilen ein. Auf dem runden Couchtisch mit einer bestickten Weihnachtsdecke waren Schalen mit vielen Sorten herrlich duftenden Gebäcks verteilt. Konfekt aus Marzipan, Nüsse und Früchte verführten zum Naschen. Dazwischen standen silberne Leuchter mit hohen weißen Kerzen, die warmes Licht verbreiteten. Jeder kleine Luftzug ließ die Flammen tanzen und lustige Kringel auf den Tisch werfen.

Vater schenkte uns Wein ein und zündete sich eine gute Festtagszigarre an, deren Duft sich mit dem Gebäck vermischte. Wir liebten diese besinnliche Stunde am Heiligabend.

Meine Tante Anne, eine Schwester meiner Mutter, die unverheiratet war und seit meiner Geburt in unserer kleinen Familie lebte, setzte sich ans Klavier und stimmte uns mit einer Mozart-Sonate auf den Heiligen Abend ein. Nachdem der letzte Ton verklungen war, zündete mein Vater die Kerzen am Weihnachtsbaum an. Meine Mutter hatte ihn wunderschön geschmückt. Sie ließ sich jedes Jahr etwas anderes einfallen, um dem Baum ein neues Aussehen zu geben und uns damit zu überraschen.

Diesmal verbreitete der Baum mit silbernen Kugeln, weißen Kerzen, silbernen Girlanden und Engelhaar einen winterlichen Zauber. Es war ein festlicher Anblick, und wir beglückwünschten meine Mutter zu diesem Kunstwerk. Ohne Zweifel sei dies der schönste Weihnachtsbaum, den wir je gehabt hatten.

Neben dem Baum lagen auf einem kleinen Tisch unsere Geschenke: bunte Päckchen, mit roten und goldenen Schleifchen verziert und mit kleinen Kärtchen versehen, auf denen die Namen der Beschenkten in schönster Handschrift vermerkt waren. Als ich noch klein war, sangen wir am Heiligabend immer frohe und besinnliche Weihnachtslieder. Diesmal mochte keiner singen.

Ich wollte mir gerade meine Geschenke heraussuchen, als ich vermeinte, draußen meinen Namen rufen zu hören. Hastig rannte ich zur Haustür und horchte hinaus in die Winternacht. Da war sie wieder, die Stimme. Ganz deutlich hörte ich meinen Namen. Aber ich konnte niemanden sehen. Das matte Licht der Straßenlaterne ließ den frisch gefallenen Schnee glitzern. Nirgends waren Fußspuren zu sehen. Ich mußte einer Täuschung erlegen sein.

Plötzlich wußte ich, wessen Stimme mich gerufen hatte: Es war die altvertraute Stimme meiner verstorbenen Freundin! Ich war ganz sicher, daß sie auf diese Weise eine Verbindung über Raum und Zeit hinweg zu mir hergestellt hatte. Waren doch meine Gedanken gerade an diesem Nachmittag bei ihr gewesen. Wo mochte sie sein?

Eine Weile verharrte ich schweigend auf der Treppe vor dem Haus. Die Zeit schien still zu stehen. Mir war, als legte sich ein Arm um meine Schulter, und jemand wünschte mir ganz leise «Frohe Weihnachten».

Die Nacht war dunkel und lautlos. Nur ab und zu knackte ein Ast, wenn ein Teil der Schneelast zu Boden stürzte. Unberührt lag die Straße vor mir. Schneeflocken glänzten wie lauter kleine Kristalle, ehe sie zu Boden fielen. Langsam ging ich zurück ins Haus.

Meine Eltern, die mich vom Fenster aus beobachtet hatten, konnten sich mein Verhalten nicht erklären.

«Weshalb bist du denn so plötzlich hinausgerannt?» fragten sie mich, als ich das Wohnzimmer betrat.

«Ach, ich glaube, meine Phantasie hat mich genarrt. In der Heiligen Nacht geschehen mitunter seltsame Dinge. Da vermischen sich Traum und Wirklichkeit.»

Plötzlich fröstelte ich. Erst jetzt bemerkte ich, daß ich ohne Mantel und feste Schuhe hinaus in die Kälte gelaufen war. Dankbar nahm ich die wärmende Decke, die meine Mutter mir reichte. In einen bequemen Sessel gelehnt, hing ich noch eine Weile meinen Gedanken nach und versuchte, den schönen Traum weiterzuträumen.

. . . .

Weihnachtsidylle

In der vorweihnachtlichen Zeit gibt es mitunter allerlei Getue und Gewerke der Hausbewohner, häufig verbunden mit seltsamen Geräuschen. Auch die Nichte bastelt kleine Geschenke, die sie sorgsam verwahrt. Kurz vor der Bescherung wird sie mit den biblischen Begebenheiten der Geburt des Christkindes konfrontiert, jedoch auf eine besondere Weise.

Als Gertrud die selbstgefertigten Präsente aus verschiedenen Schubladen von Kommoden und Schränken des Gastzimmers zusammensucht, wird ihre Aufmerksamkeit von einer Mappe angezogen, die sie bis dahin nicht beachtet hatte. Den Inhalt bilden einige bemalte Blätter, offenbar künstlerische Entwürfe ihrer Tante. Neugierig nimmt sie jetzt eines dieser Blätter heraus.

Zunächst ist das, was sie zu sehen bekommt, für sie unverständlich und verwirrend: bloß chaotische Kleckse in einem einzigen, sattblauen Farbton auf weißem Grund. Diese kräftigen und leichten Pinselstriche und flächigen Formen lassen sie nichts Konkretes erkennen. Sie dreht das Blatt nach allen Seiten. Plötzlich entdeckt sie ein Gesicht, zwar nicht ganz klar und vollständig, doch sehr eindringlich, wenn sie von den mehr oder weniger unpassenden Flecken absieht. Trotz aller Mängel wird sie von diesem Bildnis so gebannt, daß sie es lange betrachtet, indem sie es in den unterschiedlichsten Abständen vor sich hält.

Immer deutlicher glaubt sie nun zu bemerken, daß es sich um einen jungen Menschen handelt, dessen Blickrich-

tung aufwärts weist. Je länger sie sich in das geradezu holz-
schnittartige Antlitz vertieft, desto mehr wird ihr bewußt,
daß es wohl nur einer jener Hirten sein konnte, der eben
die Engelserscheinungen auf den Feldern von Bethlehem
miterlebt. Sein Gesicht scheint widerzuspiegeln, was sich
vor ihm am erhellten nächtlichen Firmament ereignet.

Der Jüngling ist dem Schauen und Lauschen hingege-
ben. Die Lippen werden von einem zarten Lächeln um-
spielt. Seine Augen drücken all die Herrlichkeit aus, die
er wahrnimmt, und das Gefühl, das er in diesem Augenblick verspürt: Verwunderung und Staunen über die
Botschaft von der Geburt des Retters. Mit den Worten
«Heiland» und «Messias» weiß er noch nicht viel anzufan-
gen, doch kümmert ihn das kaum. Richtig freuen kann
er sich vor allem über den Jubel in den Lüften und über
das neugeborene Kind auf Erden.

Gertrud läßt sich von dieser beglückenden Atmosphäre und der gleichsam lebendigen Gegenwart des Hirten anstecken und freut sich mit ihm. Nun ist sie besser als
früher in der Lage, sich die Geschehnisse von Bethlehem
lebhaft vorzustellen.

Ein solches Weihnachtserlebnis von ungewöhnlicher
Intensität kann möglicherweise auch anderen zuteil werden, die Augen und Ohren nicht verschließen und sich ein
offenes Herz bewahren für die Botschaft vom Licht in der
Dunkelheit der Welt, vom Helfer der Menschen in Not,
der Gnade und Heil gebracht hat und immerfort bringt.

Die Nichte legt das Blatt wieder in die Mappe zurück
und begibt sich, als das Glöckchen ertönt, in das weihnachtliche Wohnzimmer, wo alle Familienangehörigen
versammelt sind. Sie feiert den Heiligabend mit, noch
ganz erfüllt von den wunderbaren Eindrücken ihres un-
verhofften Bethlehem-Ausflugs, den sie als kostbares Geschenk und Geheimnis behalten möchte.

König Caspar

Das Kind schaute aus dem Schlafzimmerfenster. Hier mußte es am Weihnachtsabend warten, bis das Glöckchen zur Bescherung läutete. Noch vor zwei Jahren hatte das Kind dabei nach dem Christkind Ausschau gehalten. Es hätte ja sein können, daß es genau hier vorbeiflog.

Doch seitdem das Kind in der Schule war, wußte es, daß die Eltern die Geschenke unter den Weihnachtsbaum legten, die Klassenkameradinnen hatten gelacht, als sie das dem Kind erzählten und es wieder einmal verspotteten. Und den Weihnachtsbaum brachte der Vater ins Haus, nicht die Mutter, wie es bei dem Kind war, worüber sie noch einmal lachten.

Das Kind schloß die Augen. Wenn es schon kein Christkind gab, so konnte aber vielleicht durch starkes Wünschen am Heiligen Abend ein Wunder geschehen.

Das Kind ballte die Hände zu Fäusten, kniff die Augen fest zusammen, setzte sich angespannt aufs Bett und wünschte sich seinen Vater herbei. Komm endlich, sagte das Kind. Wenn du heute wieder nicht da bist, wenn ich in das Weihnachtszimmer gehe, wenn ich in der Schule wieder nicht erzählen kann, Papa hat den Weihnachtsbaum geholt, dann ist das ganze Weihnachten eine Lüge. Daß das Jesuskind geboren wurde und in einer Krippe lag, daß Engel auf die Erde kamen und den Menschen große Freude verkündeten, daß drei Könige aus dem Morgenland zu Maria, Josef und dem Jesuskind in den Stall kamen, das glaube ich dann auch nicht mehr.

Das Kind öffnete die Augen und sah zornig aus. Ich will keine Geschenke, Papa, ich will endlich dich sehen! Das ist mein größter Wunsch. Als du hier warst, war noch Krieg, doch der ist längst vorbei, und du könntest uns jetzt in dein Land holen. Das hast du Mama schließlich versprochen, und versprochen ist versprochen! Und daß du uns ein wunderschönes Haus baust und ich dort viele Freunde finde, die so aussehen wie ich und ich nicht mehr was Besondres bin wie hier.

Das Kind seufzte auf. Nur dir zuliebe hab ich im Krippenspiel mitgemacht, Papa, und zwar war ich der König Caspar. Dich brauchen wir wenigstens nicht zu schminken, hat die Lehrerin gesagt, als sie die Rollen verteilte. Jetzt ist er ja noch süß, hat sie dann zu der anderen Lehrerin gesagt, aber später?

Später bin ich bei dir, Papa, das weiß ich ja, deshalb habe ich nichts gesagt.

Das Kind blickte durch das Fenster in den dunklen Abendhimmel. Heute dauerte es lange, bis das Glöckchen zur Bescherung läutete. Vielleicht hat sich Papa verspätet, er kommt ja von sehr weit her. Papa wird es allen zeigen, vor allem denen, die mich Bimbo nennen. Vielleicht kommt er sogar in einem goldenen Auto.

Um sich das Warten zu verkürzen, sagte das Kind seinen Text aus dem Krippenspiel auf.

Die Liebe sei mächtig, der Haß sei verbannt,
das wünscht König Caspar aus Morgenland.

Ein feines Klingeln rief das Kind ins Weihnachtszimmer. Im Licht der Kerzen sah es Mutter und Großmutter neben dem geschmückten Baum stehen. Papa, Papa, rief das Kind, wo ist Papa? Mutter und Großmutter sahen sich erschrocken an, die Großmutter begann zu weinen.

Das Kind schaute sich suchend um, bis sein Blick auf die geschnitzten Krippenfiguren fiel. Jedes Jahr kam eine neue Figur als Geschenk für das Kind hinzu. Das Kind verstummte, sah dann zur Mutter und Großmutter auf, um danach wieder die Krippenfiguren zu betrachten. Die neu hinzugekommene Figur war aus schwarzem Holz. Es war König Caspar. Er hielt einen Goldklumpen in seinen Händen und lächelte das Kind an.

. . . .

DER FEURIGE ENGEL

Die gemeinsam gesungenen Weihnachtslieder am Heiligabend in ihrer Sentimentalität waren verklungen, die An-
dacht des Weihnachtsevangeliums, des mühsam erlernten
und aufgesagten Gedichtes war verklungen, der Jubel
über die wunderschönen Geschenke verhallt. Auch der
festliche Mittagstisch des ersten Feiertages mit Braten-
schüssel, köstlicher Süßspeise und den hell klingenden
Weingläsern war abgeräumt. Die Erwachsenen ruhten
sich nicht nur von dem üppigen Festessen aus, sondern
holten gleichzeitig den durch die Mitternachtsmette ver-
säumten Schlaf nach. Meine Schwestern besuchten ihre
Freundinnen. Im Haus war nicht der geringste Laut zu
hören; dies gab mir das Gefühl, das Reich für mich alleine
zu haben.

Vorsichtig öffnete ich die Tür zum Eßzimmer und
schlüpfte hinein. Die dunklen Holzpaneele knackten
leise. Tiefhängende, Schnee verheißende Wolken ließen
in dem hohen Raum nur ein Halbdunkel zu, in dem das
üppige Lametta des Weihnachtsbaumes um so heller glitzerte. Mein Blick glitt von der silbrig glänzenden Spitze
unter der Zimmerdecke über die halb abgebrannten weißen Kerzen zu der kunstvoll geschnitzten Krippe mit den
dem Bibeltext entsprechend aufgestellten Figuren. Es war
das erste Mal, daß ich all das in Ruhe betrachten konnte,
die neue elektrische Eisenbahn hatte mir bisher dazu
keine Zeit gelassen. Ganz langsam trat ich näher.

Da fiel mir wieder ein, was mir gestern abend meine

älteste Schwester mit geheimnisumflorter Stimme einge-
schärft hatte: «Denk daran, der Weihnachtsbaum mit seinen Kerzen und der Krippe hat einen eigenen Engel. Der
bewacht den Baum vor Frevel durch ungezogene Jun-
gens!» Respektvoll hockte ich mich vor die Krippe und
betrachtete den dunkelhäutigen König, das wiederkäu-
ende Kamel, den bärtigen Josef. Schließlich traute ich
mich, eines der Schafe vorsichtig zu streicheln. Der Engel
war ganz still.

Plötzlich fiel mir auf, daß das rote Lämpchen nicht mehr
brannte, welches den Krippenstall von innen so wunderschön erhellt hatte. Das mußte ich sofort reparieren, das
konnte nur ein Wackelkontakt sein! Ganz behutsam griff
ich in das Dunkel des Stalles, sorgfältig darauf achtend, daß
ich die Maria nicht umstieß. Gerade als ich glaubte, die
kleine Glühbirne erreicht zu haben, da durchzuckte mich
ein fürchterlicher Schlag. Erschrocken riß ich meinen Arm
zurück, während rote Sonnen vor meinen Augen tanzten,
die einen zornigen Engel zeitweilig verdeckten. Reckte er
drohend sein Schwert? Etwas wie glühende Lava fühlte ich
durch meinen Körper rasen.

Als ich wieder denken konnte, rappelte ich mich vom
Teppich auf. Meine Glieder schlotterten, die Hand, die
nach dem Lämpchen geangelt hatte, brannte wie Feuer.
Mühsam hielt ich mich an einer Stuhllehne fest. Ich blickte
mich um. Mit Verwunderung stellte ich fest, daß das Eßzimmer aussah wie immer, ja sogar der Weihnachtsstrauß
auf dem großen Tisch war völlig unverändert, und die
Zimmerdecke trug den Kronleuchter wie eh und je. Wie
ein geprügelter Hund schlich ich mich in mein Zimmer
und kauerte mich in meine Lieblingsecke.

Am gemeinsamen Kaffeetisch stellte meine Mutter
fest: «Der Junge rührt seinen Kuchen nicht an und sieht
so blaß aus. Ich werde gleich einmal Fieber messen.»

Helmut Himmighoffen

. . . .

Können Gespenster Trompete spielen?

In meinem Elternhaus wurde Weihnachten stets nach einem gleichmäßig wiederkehrenden Schema gefeiert. Auch diesmal war es wieder so. Die Vorbereitung des Festes begannen schon im November unter strengster Geheimhaltung, die mir, mit all der Neugier eines Vierzehnjährigen, der ich damals war, nahezu körperliche Schmerzen bereitete. Es war in unserer Familie Brauch, daß große Wünsche nur zu hohen Feiertagen wie Geburtstag oder Weihnachten erfüllt wurden. Ich hatte deshalb schon vor Monaten, nach meinem Geburtstag, der in den Sommer fiel, begonnen, mir Gedanken zu machen, welche Dinge ich mir wünschen sollte. Zu meinen großen Leidenschaften gehörte damals schon die Musik, und ich war im vorangegangenen Schuljahr zu meiner großen Freude in das Schulorchester aufgenommen worden. Mein Instrument war die Trompete, und meine bevorzugte Musikrichtung war der Jazz. Die Liebe zur Musik kam von meinem Großvater mütterlicherseits, der ein sehr bekannter Musiker gewesen war und von dem in unserer Familie einige Schallplatten existierten, die ich schon in frühester Jugend außerordentlich gern und oft gehört hatte. Mein Großvater spielte zu seiner Zeit vorwiegend in Tanzkapellen und beherrschte mehrere Blasinstrumente. Er hatte es sogar bis zum Leiter einer eigenen Tanzkapelle gebracht, die in den zwanziger Jahren auch international erfolgreich war.

Meine ersten Proben mit dem Schulorchester hatte ich

mit einem geliehenen Instrument aus dem Fundus der Schule absolviert. Nun war im kommenden Januar das erste Konzert unter meiner Mitwirkung geplant, und ich hatte den dringenden Wunsch, dieses Konzert mit meiner eigenen Trompete zu bestreiten. Meinen Eltern hatte ich mein Begehren schon sehr früh mitgeteilt, aber sie hatten sich dazu in keiner Weise geäußert.

Je näher nun Weihnachten kam, desto unruhiger wurde ich und beobachtete aufmerksam die Unternehmungen meiner Eltern, besonders solche, die mir mit dem bevorstehenden Fest in Zusammenhang zu stehen schienen. Eines Tages kam mein Vater nicht wie üblich gegen achtzehn Uhr nach Hause, sondern erst nach acht, und entschwand sofort nach seinem Eintreffen in seinen Arbeitsraum. Als ich ihn kommen hörte, war ich aus meinem Zimmer herausgestürzt und hatte gerade noch erkennen können, daß er ein größeres Paket bei sich hatte, ohne jedoch Details hinsichtlich Form und Gewicht des Inhalts feststellen zu können. Es mußte sich offensichtlich um ein Geschenk zu Weihnachten handeln, und ich war neugierig, ob es wohl die von mir so sehnlich erhoffte Trompete war. Von nun an war all mein Sinnen und Trachten darauf gerichtet, in Erfahrung zu bringen, was das Paket enthielt. Von meinen Eltern war nichts zu erfahren. Wollte ich meine Neugier befriedigen, so mußte ich heimlich versuchen, an das Geschenk heranzukommen, um dessen wahre Beschaffenheit zu erkunden. Dies gelang mir beinahe, nach vielen erfolglosen Versuchen, zwei Abende vor Weihnachten. Meine Eltern waren ausgegangen und wollten erst spät nach Hause zurückkehren. Mein Herz klopfte wild, als ich mich dem Arbeitszimmer meines Vaters näherte, die Tür öffnete und einen Blick hineinwarf. Obwohl es im Zimmer absolut dunkel war, brachte ich nicht den Mut auf, das Dekkenlicht einzuschalten. Ich verließ den Raum kurz, um mir eine Taschenlampe zu holen.

Als ich zurückkehrte und mit der Taschenlampe das Zimmer vorsichtig ausleuchtete, erschrak ich zutiefst, da ich das Gefühl hatte, daß außer mir noch jemand im Zimmer sei. Ich blickte mich um und entdeckte zwischen Schrank und Schreibtisch eine kleine männliche Gestalt, die mir den Rücken zukehrte. Mein Kommen schien von der Person wahrgenommen worden zu sein, denn sie drehte sich zu mir um. Da sah ich, daß es mein Großvater war, der dort stand und mich streng anblickte. Es war ein Schock für mich, ihn zu sehen, da er doch schon seit vier Jahren tot war. Es erstaunte mich allerdings noch mehr, daß er zu ahnen schien, was mich hierhergeführt hatte. Er schaute mich drohend und stumm an, und ich verstand den Sinn seiner Blicke sofort. Das Paket, welches mein Vater vor Tagen mitgebracht hatte, hielt er in seinen Händen. Plötzlich hob er an zu sprechen: «Ich werde dieses Paket ohne Aussicht auf Rückgabe mit mir nehmen, falls du dein Vorhaben, dieses Zimmer zu durchsuchen, in die Tat umsetzen solltest.»

Zunächst war ich äußerst überrascht, daß die Person, die mir zuerst als stummer Geist erschienen war, in der Tat nun sprach. Ich war so aufgeregt, daß ich bis zu diesem Zeitpunkt selbst noch kein Wort gesagt hatte. Ich hatte das Gefühl zu träumen. Auf keinen Fall wollte ich, daß er seine Drohung wahrmachte, und suchte nach einer Entschuldigung für meine Anwesenheit an diesem Ort. Obwohl mein Mund ganz trocken war, fand ich nach kurzer Pause eine Ausrede: «Ich bin plötzlich wach geworden, weil ich in meinem Zimmer ein Geräusch gehört habe, dem ich nachgehen wollte. Das hat mich in diesen Raum geführt.» Daß er mir nicht zu glauben schien, entnahm ich seinem zweifelnden Lächeln. Weiter äußerte er sich nicht dazu. Taumelnd floh ich aus dem Zimmer.

Als ich die Tür des Arbeitszimmers von außen geschlossen hatte und einige Schritte über den Flur gegangen war, kamen mir plötzlich Zweifel, ob ich tatsächlich meinen Großvater gesehen hatte. Ich wollte mich gerade umdrehen und wieder auf das Arbeitszimmer zugehen, als ich von dort leise Musik hörte. Das war für mich wie ein Signal. Ich öffnete erneut die Tür, aber gerade in diesem Moment verstummte die Musik. Mein Großvater stand noch an derselben Stelle wie zuvor und drohte mir mit dem Finger, um mir anzuzeigen, daß ich doch verschwinden sollte. Nun blieb mir keine andere Wahl, als endgültig aufzugeben, und ich kehrte schnurstracks in mein eigenes Zimmer zurück, wo wieder die schon zuvor vernommene Musik zu mir drang. Ich konnte aus ihr jetzt sogar den hellen Klang einer Jazztrompete heraushören, und ich vermutete, daß mein Großvater mir damit ein kleines Zeichen geben wollte. Das steigerte meine schon gespannte Erwartung, und ich wußte jetzt, daß er gekommen war, um Weihnachten mit uns zu feiern.

Zwei Abende später war es soweit. Ich wartete erregt auf die Bescherung. Es wurde ein unvergeßliches Fest. Ich bekam die ersehnte Trompete und war gewiß, daß auch mein Großvater von irgendwoher meine große Freude beobachtete. Beim Konzert im Januar strengte ich mich ganz besonders an, auch zu Ehren meines Großvaters, der sicher, unseren Augen verborgen, auch diesem Auftritt seines Enkels beigewohnt hatte.

. . . .

WIE MAN RICHTIG
WEIHNACHTEN FEIERT

«Mutti, wann ist denn endlich Bescherung?» ruft Inge.
Aha, Peter und Uschi haben sie vorgeschickt. Ich versi-
chere ihr, daß es nicht mehr lange dauern wird, weil ja
nur noch zehn Minuten fehlten bis sechs Uhr, für uns die
Zeit der Bescherung. Ach, wie ich mich freue, daß wir
Weihnachten so feiern, wie es allgemein der Brauch ist
und ich es mir immer gewünscht habe, damals, als ich
noch ein Kind war. In meinen Büchern gab es so schöne
Geschichten von diesem Fest. Da war die Rede von Kindern, die dachten, direkt in den Himmel zu schauen,
wenn die Eltern endlich die Tür zum Weihnachtszimmer
öffneten und der Christbaum hell erstrahlte. Die Mutter
stimmte dann auf dem Klavier ein Lied an. Zuerst wurde
gemeinsam gesungen. Dann kam die Bescherung, und
alle freuten sich sehr über die Geschenke. Trotzdem waren diese Geschichten von damals auch spannend, denn
eines der Kinder, es waren meistens mindestens drei,
hatte irgendwann vorher etwas angestellt, aber am Heiligen Abend lösten sich meist alle Probleme.

Bei meinen Eltern erlebte ich das in meiner Kindheit
nicht. Als meine Großeltern noch bei uns wohnten, da
war es zwar noch so, wie ich es aus meinen Büchern
kannte. Aber als mein Opa starb und meine Oma zu ihrem
Bruder aufs Land zog, gab es bei uns keinen Weihnachtsbaum mehr. Mein Vater meinte, mit Lametta geschmück-
tes Tannengrün in den Vasen täte es auch. Geschenke bekam ich zwar ziemlich viele, aber ich konnte mich gar

nicht richtig darüber freuen, weil meine Eltern sich Weihnachten oft noch mehr stritten als sonst. Eigentlich kann ich mich an das Weihnachtsfest allein mit meinen Eltern gar nicht mehr richtig erinnern, nur noch an die dauernden Streitereien. Auch Günthers einziger Wunsch war früher, daß seine Eltern wenigstens an Weihnachten friedlich miteinander umgingen. Wahrscheinlich ist es deshalb in unserer Ehe ganz anders. Wir machen das viel besser als unsere Eltern und sind eine sehr harmonische Familie.

«Nun ist es aber wirklich Zeit, ich zünde jetzt die Kerzen am Baum an, dann können die Kinder endlich kommen», meint Günther. Ich werfe noch einen Blick auf den gedeckten Tisch, an dem wir bald sitzen und uns die gebratene Pute schmecken lassen werden, die mir auch in diesem Jahr wieder sehr gut gelungen ist. Aber vorher wird erst noch *Stille Nacht, Heilige Nacht* gesungen, das kann ich inzwischen schon auswendig auf dem Klavier begleiten. Danach liest Günther die Weihnachtsgeschichte aus der Bibel vor, und anschließend ist Bescherung. Dann ist es beinahe genauso wie in meinem Buch vom Goldköpfchen. Meine Güte, wie oft habe ich diese Geschichte als Kind gelesen. Die Kerzen brennen jetzt, und Günther öffnet mit einem feierlichen «Es ist soweit» die Tür, die in meinen Büchern allerdings immer eine Flügeltür war, aber es geht auch so.

Da sind sie ja schon, meine Drei. Ich bin stolz auf sie. Inge ist Klassenbeste auf dem Gymnasium, Peter, jetzt im zweiten Schuljahr, wird seiner Schwester in dieser Hinsicht nicht nachstehen, denn seine Zeugnisse sind dementsprechend. Er ist zwar noch nicht ganz an der Spitze der Klasse, aber Buben sind ja meist Spätentwickler. Uschi, unsere Jüngste, hat die Schule noch vor sich. Die Leute finden sie immer besonders niedlich, weil sie für ihr Alter noch etwas klein ist, aber das paßt doch gerade zu Mädchen besser, denn dann schauen sie zu einem Mann auf. In den Büchern von Hedwig Courths-Mahler werden kleine und hilflose Frauen meist von hochgewachsenen und reichen Männern geheiratet. Aber jetzt ist erst mal Weihnachten. Ich setze mich ans Klavier und stimme *Stille Nacht, Heilige Nacht* an. Unser kleiner Hauschor hat einen harmonischen Klang und spiegelt damit das Leben in unserer Familie wider.

Wenn ich daran denke, wie andere Eltern sich manchmal beklagen, in was für einem ungezogenen Ton die Kinder mit ihnen redeten, bin ich richtig dankbar. So etwas haben wir mit unseren Dreien noch nie erlebt. Wenn wir uns unterhalten, könnte jeder zuhören und würde staunen, wie höflich wir alle miteinander umgehen. Alles ist so schön friedlich bei uns. So ganz anders als das Zuhause meiner Kindheit, wo der Vater meine Unpünktlichkeit mit dem Rohrstock bestrafte und meinte, dies sei nur zu meinem Besten. Ihn schmerzten diese Schläge mehr als mich, behauptete er, was ich ihm wirklich nicht abnehmen konnte.

Wie gut, daß damals Tante Anna noch lebte, die nur einige Straßen entfernt von uns wohnte. Ich besuchte sie so gern. Mit ihr konnte ich über alles reden, und wie oft haben wir miteinander gelacht. Sie war Malerin, und ihre Bilder beeindruckten mich damals sehr. Vor allem der große Apfel, in den ein Weg hineinführte, der so richtig geheimnisvoll aussah, denn man konnte nicht erkennen, was drinnen war. Allerdings sahen es meine Eltern nicht so gern, wenn ich diese Cousine meiner Mutter besuchte. Sie taten immer so komisch, wenn ich sie fragte, warum ich dort nicht hingehen sollte. Tante Annas Lebensweise sei einfach zu chaotisch, daran könne man sich kein Beispiel nehmen, war eines ihrer Argumente.

Günther schlägt jetzt die Bibel auf und liest die Weih-

nachtsgeschichte. Mein Blick wandert dabei über den Ga-
bentisch. Wir konnten beinahe alle Wünsche, die auf den
Wunschzetteln der Kinder standen, erfüllen. Peter bekommt seine Lego-Eisenbahn, Inge die Schlittschuhe
und Uschi die Staffelei, denn ihre Bilder sind jetzt schon
sehenswert, obwohl sie erst fünf Jahre alt ist. «Und fielen
nieder und beteten es an und taten ihre Schätze auf
und schenkten ihm Gold, Weihrauch und Myrrhe», holt
Günthers Stimme mich wieder in die Gegenwart, als er
den Absatz aus der Weihnachtsgeschichte des Neuen Te-
staments beendet und hinzufügt: «Jetzt können die Geschenke ausgepackt werden.» Das geht bei unseren Kindern sehr rasch, und nach einem Dankeschön an uns sind
sie schon mit den neuen Sachen beschäftigt. Peter holt
gleich sein Lego und meint: «Die neue Eisenbahn soll
am Bahnhof halten, den habe ich schnell gebaut.» Inge
möchte am liebsten sofort ihre Freundin anrufen und sich
mit ihr zum Schlittschuhlaufen verabreden. Uschi hat
mit ihren geschickten Händen bereits die Staffelei aufge-
stellt.

Aber als wir anfangen, die Geschenke der Kinder aus-
zupacken, sind sie gleich zur Stelle. Inge hat mir eine
Klammerschürze genäht und für ihren Papa eine Kassette
mit einer von ihr erfundenen Geschichte besprochen.
Die Flasche Sekt ist von Peter für uns beide. Auch die
beiden Gutscheine. Darin sichert er seinem Vater fünfmal unentgeltliche Hilfe beim Auffüllen der Ware zu,
denn das muß bei Günther allabendlich geschehen,
wenn er vom Verkauf seiner Uhrenarmbänder und des
Modeschmucks zurückkehrt. Und für mich will Peter
eine Woche lang den Mülleimer hinuntertragen. Uschi
hat für ihren Papa einen Weihnachtsbaum und für mich
eine Rodelbahn gemalt, mit einem kleinen Mädchen,
das vielen Kindern voraus mit wehendem Schal auf dem

Schlitten einen Hang hinabfährt. «Das ist ein sehr steiler Berg, und das Mädchen ganz vorn bin ich. Mich kann niemand einholen», erklärt sie mir. Ich meine, sie müsse mir nachher beim Essen erzählen, wie sie auf diese Idee gekommen sei.

Überhaupt wollen wir alle miteinander noch so manches reden und uns dabei meinen Putenbraten schmekken lassen, den ich kurz darauf aus dem Ofen ziehe. Er duftet gut und sieht lecker aus, braun und glänzend, weil ich ihn oft mit Bratensaft übergossen habe. Stolz trage ich mein gelungenes Festmahl ins Zimmer, wo Günther nach gebührender Bewunderung das Fleisch sachkundig tranchiert. Jetzt scheint sich auch bei den Kindern der Hunger wieder zu melden, der angesichts der Bescherung etwas verschwunden war. Braten, Apfelsoße und Endiviensalat werden rasch weniger, ein sicheres Zeichen, daß es allen schmeckt. Aber für meinen Griesflammeri mit Früchten zum Nachtisch will jeder noch eine Ecke im Magen freihalten, bekomme ich zu hören. Ach, ist das schön bei uns. So richtig heimelig.

Es wäre allerdings nicht Tante Annas Stil gewesen. Sie hatte oft vor der Bescherung die Kinder aus dem Haus bei sich, damit die Eltern alles vorbereiten konnten. Einmal war sie auch in der Stadt, um zu sehen, wer an Heiligabend noch unterwegs war. Tante Anna feierte dieses Fest sogar schon mit den Kindern in einem Waisenhaus in Brasilien. Es gab aber auch Menschen, die hinter ihrem Rücken über sie lachten. Zum Beispiel, als sie allen Frauen, die mit ihr zusammen im gleichen Haus wohnten, Karten für das Ballett Schwanensee schenkte, weil es ihr so gut gefallen hatte und auch andere diese Freude erleben sollten. Meine Eltern und viele unserer Bekannten nannten sie deshalb liederlich und meinten oft, wer kein geordnetes Leben führte, tauge nichts. Aber Tante Anna ließ sich, wenn sie von solchen Reden erfuhr, nicht entmutigen. Sie hätte ja noch ihre Träume, erzählte sie mir.

Wie schön, daß ich eine Familie habe, und wie gut man es doch haben kann, wenn man versteht zu leben. Bewußt nehme ich alles wahr. Unser gemütliches Zimmer, den Baum mit den brennenden Kerzen, die Krippe.

Aber was ist denn das für ein schwarzer Punkt hinter dem Josef? Ach, ich räume erst einmal das Geschirr ab und stelle es in die Spülmaschine. Als ich wieder ins Zimmer zurückkomme, ist Günther mit den Kindern beschäftigt. Ich gehe zur Krippe, fasse nach dem dunklen Etwas, das hinter dem Josef hervorragt, ziehe vorsichtig daran und habe die schwarze Plastikfigur eines Mannes in der Hand, dessen gelber Gürtel mir plötzlich grell und schmerzhaft in die Augen leuchtet. Ich halte die mir unheimliche Gestalt hoch: «Wie kommt denn das in unsere Krippe?» «Der Batman», rufen Inge und Peter wie aus einem Munde und erklären mir, daß dieser in vielen Filmen auftauche, übersinnliche Kräfte habe und damit den Menschen in schwierigen Situationen beistehe. «Also mir sieht er gruselig aus, so schwarz wie er ist. Und wer in aller Welt hat ihn zu unserer Krippe gestellt?» will ich jetzt wissen. «Das war ich», meldet sich unsere kleine Uschi. «Er soll das Jesuskind beschützen.» «Also das Jesuskind wird von schönen Engeln beschützt, das braucht nicht so einen ekligen Kerl», schreie ich sie an und will die Gestalt schnell wegbringen. «Wo gehst du hin mit ihm», schluchzt Uschi. «Am liebsten würde ich ihn wegwerfen. So etwas paßt nicht in unsere Familie.» Aber als Uschis Weinen stärker wird, gebe ich ihr die schwarze Gestalt zurück und fordere sie auf, diese zu entfernen. Uschi reißt mir ihren Batman beinahe aus der Hand und rennt aus dem Zimmer.

Es ist einen Augenblick still. Dann meint Günther, er

wolle mit Peter jetzt mal die Lego-Eisenbahn aufbauen, um zu sehen, ob sie auch wirklich fahre. Inge hat sich inzwischen in ein Buch vertieft, und ich denke über meine Jüngste nach. Manchmal verstehe ich sie nicht. Zum Beispiel neulich im Sommer. Inge brachte sie vom Spielplatz nach Hause, weil sie von oben bis unten verschmutzt war. Uschi zog sich aus und duschte sich. Kurz darauf bat sie mich um eines ihrer schönsten Kleider, weil sie jetzt richtig sauber sein wolle. Ich gab es ihr, weil ich diesen Gedankengang nachvollziehen konnte. Als Inge wieder mit ihr wegging, sah ich den beiden vom Fenster aus nach und entdeckte zu meiner Verwunderung, daß sie sich von Inges Hand losriß und mit ihrem Sonntagsstaat wiederum schnurstracks den gegenüberliegenden Spielplatz ansteuerte, sich zielstrebig in den Sand und dann in eine Pfütze warf. Mit den Worten: «Entschuldigung, ich wasche es mir selbst», kehrte sie bald darauf mit der schimpfenden Inge zurück. Auf meine Frage, warum sie das schöne Kleidchen gleich wieder beschmutzt habe, obwohl sie doch sauber sein wollte, bekam ich zur Antwort, sie hätte plötzlich gewollt, das neue Kleid solle auch nicht mehr sauber sein. Oder wenn Uschis Geschwister halb lachten und halb entsetzt waren, wenn sie mit hochgehaltenem Küchenmesser durch die Wohnung lief mit den Worten: «So läuft eine ordentliche Hausfrau.» Das waren dann die Augenblicke, in denen ich an Tante Anna denken mußte. Vor allem, weil die Eltern mir damals erzählten, diese habe ihre Wohnung verlassen müssen und lebe nun in einer Anstalt. Ihre Krankheit nenne man Schizophrenie. Uschi ist immer noch nicht zurückgekommen. «Wir gehen mal nach ihr schauen», meinen Inge und Peter. Ich sehe indessen nach, wie weit die Spülmaschine mit meinem Geschirr ist. Was mag Uschi den Geschwistern jetzt sagen? Leise gehe ich einige Schritte in Richtung Kinderzimmer: «Das war doch eine prima Idee mit dem Batman», höre ich Peter, und Inge fügt hinzu: «Endlich war mal was los bei uns an Weihnachten.»

Ich fühle mich auf einmal sehr erleichtert. Es war ein dummer Streich. Nichts weiter. Und ich hatte mir schon Gedanken gemacht, ob meine Uschi vielleicht Tante Annas Krankheit geerbt habe. Aber das kann doch eigentlich nicht sein, denn das war ja gar keine richtige Tante, sondern nur Muttis Cousine. Das ist doch eine ganz entfernte Verwandtschaft. Ich nehme das saubere Geschirr aus der Maschine und stelle es weg. Dann gehe ich ins Zimmer zurück. Die Kinder spielen mit Günther Monopoly. Danach haben alle Lust auf meinen Griesflammeri.

Noch manches Gesellschaftsspiel wird an diesem Abend hervorgeholt. Es ist schon nach elf Uhr, als wir alle schlafen gehen. Sogar die Kinder sind müde und betteln nicht, noch länger aufbleiben zu dürfen. Bald wird es still in unserer Wohnung. Günther neben mir schläft schon fest, aber mir geht Tante Anna nicht aus dem Kopf und alles, was ich über ihre Krankheit gelesen habe. Wie wäre sie wohl heute abend mit Uschis Batman umgegangen. Leise hole ich mir aus meinem Nachttisch das Buch über Schizophrenie. Ich habe es dort versteckt, denn Günther hat nie von mir etwas über Tante Anna und meine Angst wegen Uschi erfahren. Ich nehme eine Taschenlampe und habe keine Mühe, das Buch an der richtigen Stelle aufzuschlagen, die ich immer wieder lese. Gespalten seien diese Menschen und könnten Traum und Wirklichkeit oft nicht mehr unterscheiden. Aber es gebe heutzutage gute Heilungschancen. Und dann der Satz, den ich unterstrichen habe. Nämlich, daß diese Krankheit meist nur dann zum Ausbruch käme, wenn die Familiensituation es begünstige. Das beruhigt mich immer, denn in einer so harmonischen Familie wie der unseren kann das doch eigentlich gar nicht passieren. Trotzdem geht mir Tante Anna nicht aus dem Kopf. Da spüre ich plötzlich, wie Uschi zu mir ins Bett schlüpft. «Ich muß dir was erzählen», flüstert sie. Und dann erfahre ich von schlimmen Träumen. Einmal habe sie versucht, ihren Geschwistern davon zu erzählen, aber dann hätten die anderen Wesen sie furchtbar bestraft. Auch Batman sei ihr erschienen und habe gesagt, er wolle sie von den Monstern beschützen, doch nur, wenn sie ihn Weihnachten an der Krippe stehen ließe. Aber jetzt sei ihr egal, was passiere, sie müsse mir und Papa alles erzählen. Der ist inzwischen auch munter geworden und erklärt, er hätte unserer Unterhaltung schon eine Weile zugehört.

Uschi bleibt diese Weihnachtsnacht bei uns im Bett. Auch Günther und ich sprechen plötzlich miteinander wie lange nicht. Über unser gemeinsames Leben, was wir an uns mögen, aber auch, was nicht. Plötzlich geben wir eigene Fehler voreinander zu. Wir sind uns dabei so nahe wie nie zuvor. Uschi kuschelt sich an mich und sagt: «So gut wie jetzt hat es mir noch nie bei euch gefallen. Und vor meinen Träumen habe ich jetzt gar keine Angst mehr.» Ich denke, auch Tante Anna ist zufrieden.

. . . .

Ein Zeichen in der Nacht

Es war in meiner Jugendzeit. Mit Gefährten aus dem Alpenverein verbrachte ich die Festtage in den Bergen.

Der Aufstieg zur Skihütte war mühsam, die Rucksäcke schwer. Schneetreiben setzte ein. Die Flocken wirbelten, tanzten und jagten sich, setzten sich auf unsere Nasenspitzen. Wir keuchten, hechelten, japsten nach Luft und waren froh, als wir es endlich geschafft hatten.

Am nächsten Morgen Sonnenschein und Pulverschnee, eine Lust, auf den Brettern ins Tal zu gleiten, den Wind zu spüren und einen Hauch von Freiheit. Den ganzen Tag über waren wir unterwegs, erst in der Dämmerung kehrten wir zur Hütte zurück.

Heute ist Heilige Nacht. Wir Mädchen richten das Festmahl, die Burschen panschen den Weihnachtspunsch, und Walter spielt Harmonika. Lustig geht es zu, palavert und geflunkert wird, und die helfenden Hände haben die Arbeit schnell getan. Es wird still in der Hütte. Besinnlichkeit kehrt ein, Alleinsein mit den Gedanken. Die Kerzen am Tannenbaum werden angezündet. Von Gitarrenklang begleitet, singen wir Weihnachtslieder. Ein Gefühl der Gemeinschaft, der Verbundenheit für ein ganzes Leben entsteht. Wir erzählen uns reihum spannende Geschichten und Erlebnisse.

Inmitten meiner Schilderung springt die Hüttentür plötzlich auf. Ein eisiger Wind treibt eine Schneewehe herein, begleitet von Poltern und lauten Geräuschen. Drei unserer Jungs springen auf, gehen vor die Hütte, um die Hütte herum, suchen nach einer Spur, nach einem Anhaltspunkt. Wir sitzen abwartend im Kreis. Für Sekunden bin ich wie gelähmt, denn vor mir steht ein alter Mann im Lodenumhang und einem breitkrempigen Hut auf dem Kopf. Er hält mir einen langen Bergstock quer vor das Gesicht. Ich fühle mich von ihm nicht bedroht, eher das Gegenteil ist der Fall, mir ist, als wolle er mich vor etwas warnen. Draußen konnten die Jungs nichts entdecken. Ich erzähle von der gespenstischen Gestalt, doch außer mir hat sie keiner wahrgenommen. Unglaube macht sich breit, fast alle sind der Ansicht, ich wolle nur die Spannung meiner Geschichte erhöhen; aber das ist nicht so, ich habe diese Erscheinung wirklich gesehen, ein Schauer läuft mir über den Rücken.

Es kommt keine Stimmung mehr auf, deshalb verkriechen wir uns in die Schlafsäcke. In der Nacht, es mag wohl gegen drei Uhr gewesen sein, schrecke ich auf. Im Traum sah ich zwei gekreuzte Bergstöcke auf einem Pfad, der am Rande eines Steilabsturzes endet. Bis zum Morgengrauen versinke ich in einen bleiernen Schlaf.

Bei Tagesbeginn liegt Föhn in der Luft, er bringt Unruhe in die Landschaft. Wir brechen trotzdem auf, schnallen Felle unter die Bretter und steigen bergauf. Eine Stunde sind wir unterwegs, als zwei lange, gekreuzte Schneemarkierungspfähle uns den Weg versperren. Wir erinnern uns an das Mysteriöse und Ungewöhnliche des gestrigen Abends. Ich erzähle meinen nächtlichen Traum; wir wenden die Skier und suchen eine neue Spur.

Eine bessere Entscheidung hätten wir nicht treffen können. Um die Mittagszeit, vielleicht durch einen Windstoß ausgelöst oder durch den flüchtenden Huf einer Gemse, stürzt eine Staublawine donnernd zu Tal, nahe der Stelle, an der wir gewendet haben.

In jedem Jahr zur Heiligen Nacht durchdringt mich ein warmes Gefühl der Dankbarkeit dem Unbekannten gegenüber, der meine Sinne schärfte, damit ich meine innere Stimme hören und deuten konnte. Im flackernden Kerzenlicht sehe ich sekundenlang seine Gestalt.

Arnfried Saddai

HUNDERT METER BIS
ZUR ENDSTATION

Ernst Moosblech legte eine Banane, einen Apfel und einen Becher Joghurt in seine kleine, eckige Ledertasche. Dann griff er zu seiner Wetterjacke und setzte seine Straßenbahnermütze auf.

Als er die Wohnungstür verschloß, klingelte das Telefon in der Diele. Er stellte seine Provianttasche ab, öffnete die Tür, nahm den Telefonhörer ab und sprach mit seiner Tochter, die mit ihrer Familie in einer entfernten Stadt wohnte. Es war Heiliger Abend, und sie wollte ihm ein gutes Weihnachtsfest wünschen.

Seit seine Frau vor drei Jahren verstorben war und er allein in der Wohnung blieb, ließ er sich am 24. Dezember stets für den Spätdienst einteilen, damit die Väter unter seinen Kollegen den Abend bei ihren Familien verbringen konnten. Er übernahm den Dienst bereitwillig, weil er diese Stunden daheim nicht einsam verbringen wollte.

Innerhalb der geschmückten und beleuchteten Stadt war sein Zug mit Fahrgästen gut besetzt. Einige darunter drängten sich gar mit einer in letzter Minute erworbenen Fichte auf die Plattform. Je weiter aber die Uhrzeiger vorrückten und er sich der Endstation näherte, desto leerer wurde seine Bahn, und mit dem Wunsch zu einem frohen Fest verschwand alsbald auch der letzte Fahrgast.

Erst jetzt fiel ihm auf, daß die Ledertasche mit seinem Imbiß nicht am gewohnten Platz stand. Er mußte sie vergessen haben, nachdem er mit der Tochter telefoniert und danach eilig die Wohnung verlassen hatte. Er ärgerte sich, denn der Kiosk am Wendepunkt war heute und spät abends nicht geöffnet, und somit konnte er nichts kaufen.

Fahrplanmäßig brauchte er noch vier Minuten bis zur Endstation, und er würde dann in die Wendeschleife einfahren und die Fahrziel-Richtungsschilder auswechseln.

Da, was war das? Neben dem Bahngleis und vor den von seinem Zug nur schemenhaft beleuchteten Bäumen tauchte gespenstisch eine Gestalt auf, die trotz eines hellen Umhangs vor dem nachtschwarzen Hintergrund unerkennbar blieb.

Vorsorglich bremste Ernst Moosblech die Straßenbahn ab und wollte gerade das Klingelsignal ertönen lassen, als er die Gestalt «Ernstel, Ernstel!» rufen hörte. Er zuckte zusammen, sein Herz pochte schneller, und seine Hände wurden plötzlich feucht, denn «Ernstel» hatte ihn nur seine Frau genannt. Er betätigte den Knopf, durch den sich die rechte Tür öffnen ließ. Sofort fegte ihm ein kalter, unerwartet heftiger Luftzug ins Gesicht. Er konnte seinen Fahrstand nicht verlassen, ohne den Zug anzuhalten. Da hörte er erneut: «Ernstel!» und «Du hast die Tasche vergessen!» Das klang wie die Stimme seiner Frau. Nun stoppte er die Bahn, trat rasch zur offenen Tür und rief laut: «Hallo! Ist dort jemand? Hallo! Wer ist da?» Er bekam statt einer Antwort nur das Rauschen des nächtlichen Windes zu hören. Er starrte angestrengt hinaus, verharrte und lauschte. Doch nichts tat sich. Die Gestalt war verschwunden.

Mit langsamer Fahrt setzte er die Straßenbahn in Bewegung und erreichte wenig später den Wendepunkt. Da stand unter der Laterne die Tochter seines Nachbarn und reichte ihm die Provianttasche. Die, so sagte das Mädchen, habe vor der Wohnungstür gestanden. Sie habe vermutet, daß sie vergessen wurde, und den Vater gebeten, sie mit dem Auto zum Wendepunkt zu fahren. Er parke dort drüben. Sie meinte, es sei doch Heiliger Abend, und da könne der Herr Moosblech erst recht nicht ohne seine Pausenerfrischung bleiben.

Er blickte das Mädchen verwirrt an, murmelte etwas von mysteriös und daß er glaube, soeben seine verstorbene Frau gehört zu haben. Er wandte seinen Kopf zur Seite, und sein Blick blieb unverwandt auf die sich bewegenden Schatten gerichtet, in denen sich die Bäume verbargen.

. . . .

WEIHNACHTSZWEIGE
IN EINEM KRUG

Seit ich allein lebe, gibt es bei mir anstelle eines Weih-
nachtsbaums einen üppigen Strauß aus Eibenzweigen, die
ich aus meinem Garten holen kann. Bisher habe ich auch
nach all den Jahren nicht gewagt, den alten, wohlver-
wahrten Weihnachtsschmuck zu verwenden. Manchmal
kommt mir der große Karton auf dem Speicher wie ein
Sarkophag vor, in dem die Erinnerungen eingeschlossen
sind an die Zeit, als die Kinder noch klein und die Familie noch vollständig war.

In zwei Stunden kann ich meinen Sohn erwarten –
wenn alles gut geht. Zwischen den Vorbereitungen für
die Feiertage und seiner Ankunft nutze ich gern die Zeit
als Atempause, um den Strauß zu schmücken. Die kleinen Ornamente, die ich nun dazu verwende, liegen bereit. Ich fülle Wasser in den kugelförmigen gelben Ton-
krug mit den zarten schwarzen Streifen, stelle ihn auf den
kleinen Hocker, auf den ich die gelb-orangefarbene Lei-
nendecke aus Schweden gelegt habe, und stecke die
Zweige in den Krug. Während meine Fingerspitzen noch
auf der tönernen Wölbung der Vase ruhen, höre ich
plötzlich eine Stimme, fast vergessen, aber immer noch
vertraut: «Ach, Fräulein Gretchman, gibt es diesen Krug
wirklich noch? Damals brachten meine Frau und ich ihn
zu Ihnen in Ihre kleine Wohnung, nachdem wir Ihre
Heiratsanzeige erhalten hatten. Bald danach bekam ich
den Ruf nach Freiberg, Sie bekamen hier Ihre Kinder,
was wir wieder durch Anzeigen erfuhren. Später trafen

wir uns noch einmal bei der Abschiedsvorlesung von Prof. Felix; danach verloren wir uns endgültig aus den Augen. Aber sicher haben Sie über Ihren Mann von dem frühen Tod meiner Frau erfahren und auch davon, wie sehr dieser Verlust mein Leben verändert hat. Wie schön, daß Sie den Krug noch verwenden und dadurch vielleicht manchmal an uns denken.» Ich bin wie erstarrt.

Als ich mich endlich umdrehe, bin ich natürlich allein im Zimmer. Ich merke, daß meine Hände fast krampfhaft immer noch den Krug umfassen; mir wird klar, daß die mechanische Beschäftigung mit dem Krug die Stimme von Dr. Fischer zu mir gebracht hat, unter dessen Anleitung ich als junge Studentin ein Jahr lang in der Universitätsklinik gearbeitet habe.

Während ich die Ornamente an den Strauß hänge – Woll-Weihnachtsmänner und gehäkelte rote Herzen aus Schweden, mit Weihnachtsmotiven bestickte Quadrate aus den USA, Holzfigürchen aus dem Erzgebirge und sogar eine winzige, bemalte Tonkrippe aus Peru, dazu einen kleinen Weihnachtsengel und einen Strohstern, kehren meine Gedanken fast zwanghaft zurück zu diesem Beinahe-Doktorvater. Er sprühte nur so von wissenschaftlichen Einfällen auf seinem Spezialgebiet der basischen Proteine; was man alles noch versuchen könnte, welche Möglichkeiten sich da noch ergäben durch die Verwendung meiner Bakteriophagen in seinem Spezialgebiet. Ich machte meine eigenen ersten Versuche; er war hellauf begeistert, glaubten wir damals doch, mit Hilfe meiner Phagen seine basischen Proteine typisieren zu können. Zu dieser Zeit wurden hinter dem Palmengarten neue biologische Institute gebaut, darauf hatten wir Studenten lange gehofft. Aber nun wurde auch das Gerücht wahr und ein neugegründetes Institut für Mikrobiologie im obersten Stockwerk des Zoologischen Instituts untergebracht. Auflage für den neuen Ordinarius war, alle in verschiedenen Instituten verstreuten Doktoranden aufzunehmen. So mußte ich zu meinem großen Bedauern auch dorthin. Als Beleg für das, was ich mitbrachte, wurden meine bisherigen Ergebnisse publiziert; es fand auch noch ein Kolloquium bei Prof. Rajewsky statt. Zum Glück konnte ich mein Thema behalten, aber die Forschungseinrichtung wurde geändert. Die Begeisterung, die Dr. Fischer auf seine Mitarbeiter übertrug, fehlte in dem neuen Institut völlig. Und da es auch noch am anderen Ende der Stadt lag, brach der Kontakt zu Dr. Fischer ab.

Was wäre gewesen, wenn ich längere Zeit einen solchen Lehrer gehabt hätte? Was hätte er mir geraten, als ich nach langen Jahren wieder in den Beruf zurück wollte? Aber damals war er schon gestorben; ich hatte seine Todesanzeige in der *Frankfurter Allgemeinen Zeitung* gesehen.

Der Strauß ist schön geworden, die Geschenke liegen bereit, auch das Päckchen aus Melbourne von der Tochter; jetzt warte ich auf meinen Sohn. Ich streiche noch einmal über den Krug und sage trotzdem «Danke».

· · · · · · · · · · · · · · · · · · · ·

Alle Jahre wieder

Für mich stand fest: in diesem Jahr würde ich nicht flie-
hen. Ich würde es allein durchstehen, das schrecklichste
Fest im Jahr.

Anfang Dezember hatte ich eines Nachmittags einen
langen Spaziergang am Fluß entlang gemacht und
war dabei auch an den Schrebergärten vorbeigekommen. Unter einem großen Haufen mit Gartenabfällen
hatte ich Forsythienzweige entdeckt. Ich suchte mir ein
paar schön geschwungene Ruten aus, die ich später zu
Hause in der großen Bodenvase dekorierte. Weihnachten waren sie voll erblüht und verbreiteten einen Hauch
Frühling.

Zum Abendessen hatte ich Lachssteak aus der Grill-
pfanne an Dillsabayon zubereitet, dazu kredenzte ich mir
selbst einen schönen Sancerre. Ich legte eine CD mit Fa-
do-Musik auf, jene wehmütig-traurig-sehnsuchtsvolle
Musik, die mich an den Sommerurlaub in Portugal erinnerte. Und dann zündete ich Kerzen an, erst die auf dem
dreiarmigen Silberleuchter in der Mitte des Eßtisches, so-
dann die selbstgebastelte Sandkerze mit dem knorrigen
Manzanita-Zweig, die auf dem Sideboard stand, danach
die große, selbstgegossene Viereckkerze, deren rote Ober-
fläche geschnitzt war, so daß von innen weißes Wachs
durchschimmerte. Sie stellte ich ins Blumenfenster. Zum
Schluß suchte ich alle Teelichter zusammen, die ich finden konnte, und ließ sie in einer großen, mit Wasser gefüllten Schale schwimmen. Ich löschte das elektrische

Licht und gab mich ganz der Stimmung hin, die jetzt entstand. Erinnerungen flackerten an verschiedenen Ecken meines Gedächtnisses auf wie Flammen. Tränen rannen meine Wangen hinunter wie das Wachs an den Kerzen. Ich wußte, wenn ich diesen Abend durchstand, würde ich in Zukunft alles ertragen können.

★★★

«Hansjürgen, müssen wir denn dieses Jahr an Weihnachten wieder deine Eltern besuchen?»

«Weihnachten ist ein Fest der Familie, da ist es nur natürlich, wenn man es im Kreise seiner Familienangehörigen feiert.»

«Aber warum immer nur bei deinen Leuten? Ich habe schließlich auch Eltern.»

«Du machst dir doch überhaupt nichts aus deiner Familie. Und deine Schwester ist ja noch zu Hause, so daß deine Eltern nicht alleine sind.»

«Dasselbe gilt auch für deine Eltern, deine Schwester besucht sie ja immer mit ihren Kindern. Könnten wir nicht ein Abkommen treffen, Hansjürgen? Im einen Jahr machen wir das, was du willst, und im nächsten Jahr fahren wir dahin, wohin ich möchte. Ich würde so gerne einmal mit dir im Schnee Urlaub machen. Bitte!»

«Schluß jetzt, Iris, ich will nicht weiter über dieses Thema diskutieren. Wir fahren an den Bodensee und damit basta.»

★★★

«Hansjürgen, müssen wir dieses Jahr an Weihnachten wieder an den Bodensee fahren?»

«Da ich diese ewige Leier schon vorausgesehen habe, habe ich mir folgendes überlegt: wir verbringen Heiligabend am Bodensee, und am ersten Feiertag fahren wir weiter zum Skilanglauf. Ein Kollege von mir aus der Firma ist Skilehrer und fährt mit einer Gruppe in den Bayerischen Wald. Ich habe uns schon angemeldet.»

«Ich hätte es zwar besser gefunden, wenn du mich gefragt hättest, bevor du uns angemeldet hast, aber wenigstens ist es mal eine Abwechslung. Ich bin gespannt, was dein Vater, der alte Haustyrann, dazu sagen wird.»

«Ich verbiete dir, so über meinen Vater zu reden.»

«Was regst du dich so auf? Ich habe nur wiederholt, was deine Schwester auch schon gesagt hat.»

«Meine Schwester würde nie so etwas über unseren Vater sagen, und ich wünsche auch nicht, daß du es tust.»

★★★

«Hallo, Iris, meine Süße! Na, wie war's beim Skilaufen?»

«Ach, Trudchen, ich hatte es mir so schön ausgemalt, mit Hansjürgen Weihnachten und Sylvester im Schnee zu verbringen, doch es wurde ein totales Fiasko.»

«Aber was ist denn passiert?»

«Weißt du, das war so: in unserer Gruppe war eine alleinreisende, geschiedene Frau, um die hat Hansjürgen sich ständig bemüht. Er hat ihr immer die Skier gehalten, wenn sie sie an- oder abschnallen wollte. Und er hat ihr jedesmal aufgeholfen, wenn sie in den Schnee gefallen ist, und, glaub mir, sie ist andauernd hingefallen. Und an Sylvester hat er fast den ganzen Abend mit ihr getanzt und mich alleine am Tisch sitzen lassen. Ich kam mir so gedemütigt vor. Ich bin noch vor Mitternacht auf unser Zimmer gegangen und habe mich ins Neue Jahr hineingeheult.»

«Ach, die Männer sind ja so was von unsensibel. Glaub mir, meiner ist auch nicht viel besser. Ich weiß, das ist kein Trost für dich, aber ich bin sicher, es wird sich alles wieder einrenken.»

«Das glaub ich nicht. Ich bin überzeugt, daß er ein Verhältnis mit dieser Lisa hat. Sie arbeitet in seiner Firma. Jetzt fällt mir auch ein, wie häufig er in letzter Zeit Überstunden gemacht hat.»

★★★

Liebe Eltern,
das erste Weihnachtsfest im fremden Land war aufregend! Es ist schon eigenartig, diesen übertriebenen kommerziellen Rummel zu erleben: die Plastiktannen mit weißem oder rosa Zuckerguß, die riesigen Nikolausfiguren mit Rentieren und Schlitten auf den Kaufhausfassaden, und allgegenwärtig die Berieselung mit «Jingle Bells» und «Dreaming of a White Christmas» unter Palmen und südlicher Sonne. Es paßte irgendwie nicht zusammen. Und über dem Weihnachtswunderland die stinkende braune Realität, der Smog von Los Angeles.

Am Morgen des Heiligabend sind wir bei frühlingshaften Temperaturen am Strand von Santa Monica spazierengegangen. Dabei haben wir einen jugendlichen Stadtstreicher beobachtet, der die Mülltonnen an der Uferpromenade nach etwas Eßbarem durchwühlt hat. Das ist die Kehrseite der glänzenden Medaille in diesem reichen Land.

Die Bescherung fiel bei uns bescheiden aus: wir haben uns gegenseitig ein paar Jeans und einen rustikalen Ledergürtel geschenkt, zu mehr hat es nicht gereicht, nachdem wir beide gleich zu Anfang unseres Aufenthalts hier uns in zahnärztliche Behandlung begeben mußten. Das kann ganz schön teuer werden, wenn man nicht versichert ist.

Doch am Weihnachtsfeiertag gab es einen Ausgleich. Wir waren zum Truthahnessen bei einem Ehepaar eingeladen, das dem örtlichen Rotary-Club angehört. Nachdem sie selber keine Kinder haben, wollten sie ausländischen Studenten eine Freude bereiten. Außer uns war noch ein belgisches Ehepaar zu Gast. Ich war überwältigt von dem Aufwand, den amerikanische Hausfrauen bei so einem Anlaß betreiben. Im Wohnraum prangte ein deckenhoher, üppig in rot, grün und gold geschmückter Tannenbaum, echte Tanne, kein Plastik, mit elektrischer Beleuchtung. Der Tisch im Eßzimmer war mit aufwendiger Tischdekoration geschmückt: rote und grüne Läufer auf weißem Damasttischtuch, ein wunderschönes Trockengesteck in der Mitte des Tisches, dazu Warmhaltegeräte, Platzteller, Gläseruntersetzer und Besteck aus schwerem Silber, Gläser und Karaffen aus edlem Bleikristall. Ich habe besonders die silbernen Messerbänkchen bewundert, da hat mir die Gastgeberin gleich zwei geschenkt, dem belgischen Ehepaar natürlich auch. Außerdem haben wir je einen wunderschönen Bildband über die Nationalparks der USA bekommen. Ich freue mich schon darauf, sie der Reihe nach zu besuchen.

Ihr müßt unbedingt noch erfahren, was es zu essen gab: als Vorspeise einen Spinatsalat mit rohen Champignons und einer warmen Salatsoße mit Schinkenstückchen, danach eine Brokkolicremesuppe mit Sahnehäubchen. Und dann kam der riesige Truthahn mit einer Apfel-Kastanienfüllung auf den Tisch, den der Hausherr persönlich tranchiert hat. Dazu gab es Süßkartoffeln, Erbsen und Karotten, weiße Zwiebeln in Sahnesoße, Rosenkohl und Wildreis, das sind braune Reiskörner, die von Indianerstämmen um die großen Seen herum gesammelt werden. Als Nachtisch wurden Bratäpfel und Kürbiskuchen mit Kaffee serviert. Am Ende war ich so übersatt von all diesen Köstlichkeiten, die ich zum großen Teil noch nie gekostet hatte, daß ich zum ersten Mal in meinem Leben meinen Teller nicht leer essen konnte.

Doch ich habe gelernt, daß es in Amerika zum guten Ton gehört, seinen Teller nicht leer zu essen, sondern immer etwas liegenzulassen, sonst denkt die Gastgeberin, daß sie nicht genügend aufgetischt hat.

Ich habe mich sehr wohl gefühlt bei Ted und Maxine. Sie sind furchtbar nette Leute, die sehr natürlich blieben, trotz all des Geldes, das sie offensichtlich besitzen. Sie haben uns eingeladen, sie bald wieder einmal übers Wochenende zu besuchen, was ich sehr gern tun würde. Zum ersten Mal in meiner Ehe habe ich ein richtig harmonisches Weihnachtsfest erlebt.

Ich hoffe, Euer Weihnachtsfest war friedlich und beschaulich, so wie Ihr es mögt. Berichtet mir doch einmal darüber!

Es grüßt Euch ganz herzlich

Eure Iris

★★★

Liebe Eltern,
das zweite Weihnachtsfest im fremden Land liegt hinter uns. Es war wieder aufregend, wenn auch nicht so harmonisch wie im vergangenen Jahr.

Kurz vor Weihnachten kam ein Brief vom Nachlaßgericht an Hansjürgen. Die Testamentseröffnung hatte stattgefunden, und das Testament enthielt einige Überraschungen. Es scheint, daß mein Schwiegervater ein paar Monate vor seinem Tod sein Testament zuungunsten von Hansjürgen geändert hat. Hansjürgens Schwester und deren Kinder erhalten jetzt den größten Teil des Erbes, Hansjürgen erhält nur seinen Pflichtteil. Es ist ganz offensichtlich, daß der alte Patriarch seinen Sohn dafür bestrafen wollte, daß er sich entschlossen hat, ins Ausland zu gehen, anstatt regelmäßig mit Enkelkindern zu Hause aufzutauchen. Hansjürgen hat sich fürchterlich geärgert und läßt seither seine rabenschwarze Stimmung an mir aus.

Lediglich an Sylvester ist es mir und ein paar guten Freunden gelungen, ihn für kurze Zeit aus seiner Schmollecke herauszulocken. Wir hatten Besuch aus Deutschland: ein ehemaliger Studienkollege von Hansjürgen aus München mit seiner Frau haben für ein paar Tage auf ihrer USA-Rundreise bei uns Station gemacht. Außerdem hatten wir das belgische Ehepaar vom letzten Jahr und zwei amerikanische Ehepaare mit ihren Kindern zu Gast. Die Kinder wurden nach kurzer Zeit in unserem Bett schlafen gelegt, während wir für unsere Gäste eine Feuerzangenbowle zelebriert haben. Wir mußten stark improvisieren: anstelle eines Kupferkessels mußte ein normaler Kochtopf über einer Spiritusflamme herhalten. Zuckerhut und Feuerzange gab es nicht, also haben wir einen Gemüsehobel aus Metall quer über den Kochtopf gelegt und darauf eine Pyramide aus Würfelzucker aufgebaut. Hochprozentigen, also brennbaren Rum zu beschaffen war ebenfalls schwierig gewesen, aber wir haben ihn schließlich über den German Butcher, der außer deutscher Wurst und deutschem Brot alle möglichen Importwaren verkauft, besorgen lassen. Die Feuerzangenbowle war jedenfalls ein voller Erfolg bei unseren Gästen. Als sie uns um drei Uhr früh verließen, waren alle ziemlich angeheitert, und auch Hansjürgen war ganz guter Stimmung. Wir haben uns mit unseren Freunden gleich für den nächsten Morgen um zehn Uhr an der Hauptstraße von Pasadena verabredet, um gemeinsam die große Rosenparade anzuschauen. Unsere Freunde aus München waren extra über Neujahr nach Kalifornien gekommen, um sich dieses prachtvolle Schauspiel nicht entgehen zu lassen. Es waren Zigtausende unterwegs, die zum großen Teil schon Tage vorher mit Campingwagen angereist waren und sich in Zelten zu beiden Seiten der Hauptstraße niedergelassen hatten. Zum Glück ist ja das Wetter warm genug, daß man ohne weiteres im Freien übernachten kann. Ich werde Euch im nächsten Brief ein paar Photos mit den wunderschön geschmückten Blumenwagen und den noch schöneren Mädchen schicken.

Für heute grüßt Euch sehr herzlich

Eure Iris

★★★

«Iris, ich muß mit dir reden. Ich erwarte, daß du sofort nach den Feiertagen zum Arbeitsamt gehst und dich um eine Stelle bemühst. Solange du keine Arbeit hast, brauchst du überhaupt nicht nach Stuttgart nachzukommen, ich werde jedenfalls nicht für deinen Lebensunterhalt aufkommen. Du wirst bei deinen Eltern wohnen, bis du eine Stelle gefunden hast.»

«Mein Gott, Hansjürgen, mußt du mir unbedingt Heiligabend verderben, indem du jetzt vom Arbeitsamt anfängst? Wir sind gerade erst aus USA zurückgekommen, kannst du mir nicht wenigstens etwas Zeit geben, mich wieder auf die veränderten Lebensverhältnisse in Deutschland einzustellen? Ich werde mir schon wieder eine Stelle suchen, aber so dringend ist es ja nun auch nicht.»

«O doch, das ist es. Du hast jetzt über zwei Jahre nichts weiter getan, als die Hausfrau zu spielen, und es ist dir und mir nicht gut bekommen. Ich kann keine Frau brauchen, die zu Hause über ihren Kochtöpfen verblödet, und für dich ist es dringend an der Zeit, dich wieder an einen geregelten Tagesablauf zu gewöhnen. Ich muß schließlich am zweiten Januar meine neue Stelle in Stuttgart antreten. Also kann ich erwarten, daß auch du dich schnellstmöglich um einen Arbeitsplatz bemühst. Haben wir uns verstanden?»

«Ja, natürlich.»

★★★

«Na, wie war's bei deiner Mutter? Ist sie zufrieden, daß ihr Zuckerbubi jetzt so oft zu Besuch kommt? Sicher hat sie auch schon ihr Testament zu deinen Gunsten geändert oder es zumindest in Aussicht gestellt?»

«Deine frechen Bemerkungen finde ich völlig unange- bracht. Ich fahre zu meiner Mutter, weil ich mir nicht eines Tages Vorwürfe machen will, daß ich mich zu Leb- zeiten zuwenig um sie gekümmert habe. Sie hat es sehr negativ aufgenommen, daß du nicht dabei warst.»

«Ich kann dir sagen, warum ich nicht mitfahren wollte. Als wir das letzte Mal bei ihr waren, habe ich gehört, wie sie mit jemand telefoniert hat. Sie hat wörtlich gesagt: ‹Jo, jo, die Junge sind do. Es isch jo ganz nett, aber m'r hot halt nix wie d'Arbet und d'r Dreck.› Ich möchte deiner Mutter die Arbeit und den Dreck ersparen, vor allem an Weihnachten.»

«Woher willst du wissen, mit wem meine Mutter ge- sprochen hat und ob überhaupt von uns die Rede war? Ich kann mir das nicht vorstellen, im übrigen finde ich es degoutant, daß du andere beim Telefonieren belauschst. Und Weihnachten werden wir selbstverständlich erwartet wie jedes Jahr.»

★★★

«Sag mal, Hansjürgen, kannst du deiner Mutter nicht bei- bringen, daß sie ihre ständigen Andeutungen, wo denn die Enkelkinder blieben, unterlassen soll, sonst war dies das letzte Weihnachten, das ich in ihrem Hause verbracht habe. Mir gehen diese dauernden Bemerkungen entsetz-

126

lich auf die Nerven. Ich bin der Meinung, daß unsere Familienplanung sie überhaupt nichts angeht. Sie hat schließlich zwei Enkelkinder von deiner Schwester, damit kann sie zufrieden sein.»

«So abwegig sind die Fragen meiner Mutter nicht. Wenn wir noch Kinder wollen, wird es langsam Zeit. Du wirst schließlich nicht jünger.»

«Vielen Dank, sehr charmant, aber du wirst auch nicht gerade jünger. Bisher warst jedenfalls du derjenige, der keine Zeit für Kinder hatte. Alles andere war sehr viel wichtiger: Karriere, Reisen, teure Sportarten.»

«Eben deshalb sollten wir jetzt endlich darüber reden.»

«Also, ich weiß nicht, was es da zu reden gibt. Mir gefällt unser Lebensstil und vor allem meine Unabhängigkeit. Ich kann mir nicht vorstellen, mich jemals wieder in finanzielle Abhängigkeit von dir zu begeben. Ich habe noch zu deutlich deine Worte im Ohr, die ich in den USA immer zu hören gekriegt habe: ‹Ich mit meinen einundfünfzig Prozent vom Familieneinkommen bestimme, daß …›»

«Du könntest, wenn du ein Kind hast, dir zu Hause ein Büro einrichten und Übersetzungen machen. Dann kannst du etwas hinzuverdienen. Im übrigen verdiene ich genug, um eine Familie zu ernähren.»

«Ach so ist das, du willst mir in Zukunft eine Dreifachbelastung zumuten, zu Haushalt mit Repräsentationspflichten für deine Firma und Kindern auch noch Berufstätigkeit. Vielen Dank, aber daran habe ich keinen Bedarf. Weißt du, du hättest es dir früher überlegen sollen. Als wir aus USA zurückkamen, wäre der richtige Zeitpunkt für Kinder gewesen, aber damals hattest du nur ein Ziel, mich so rasch wie möglich wieder zum Geldverdienen anzutreiben.»

«Damals war das auch richtig. Nur, inzwischen hat sich einiges geändert. Ich habe Karriere gemacht, wir haben ein eigenes Haus, jetzt sind die Voraussetzungen für Kinder ideal.»

«Nur unsere Ehe ist auf der Strecke geblieben. Du bist dauernd in deinem Job unterwegs, ich kriege dich kaum noch zu Gesicht. Von ihrem Vater würden die armen Kinder nicht viel sehen, und die Kindererziehung bliebe allein an mir hängen. Tut mir leid, aber ich finde die Voraussetzungen alles andere als ideal. Im übrigen möchtest du doch keine Frau haben, die zu Hause über ihren Kochtöpfen verblödet.»

★★★

«Iris, Kind, schön, daß du da bist. Komm rein und leg erst mal ab. Wie war die Fahrt?»

«Der Zug war sehr voll, aber ich hatte eine Platzreservierung, also kein Problem.»

«Ich war erstaunt, als du anriefst, um mir zu sagen, daß du Weihnachten kommst. Ist Hansjürgen allein zu seiner Mutter gefahren?»

«Hansjürgen ist nicht bei seiner Mutter, sondern beim Skilaufen, und daß er alleine ist, glaube ich auch nicht.»

«Ach, Kind, habt ihr euch wieder gestritten?»

«Es ging wieder um das leidige Thema: da wir keine Familie hätten, könne er mit mir nicht mehr Weihnachten feiern. Freitag abend hat er seinen Koffer gepackt und die Skier aufs Autodach geschnallt, Samstag früh ist er losgefahren. Wohin, weiß ich nicht. Aber er hat mir immerhin noch ein Weihnachtsgeschenk hinterlassen. Rat mal, was in dem Päckchen war.»

«Ich weiß es nicht, Kind.»

«Ein Nachthemd. Ausgerechnet ein Nachthemd! Wozu, frage ich mich, da wir doch schon lange nicht mehr miteinander schlafen. Ich werde einfach nicht schlau aus ihm. Ich weiß nicht, was er wirklich will.»

«Ich würde in dem Geschenk ein Versöhnungsangebot sehen. Wenn er wiederkommt, solltest du noch mal ernsthaft versuchen, mit ihm zu reden.»

«Ach ja, und ihm gleich verzeihen, daß er mit einer anderen beim Skilaufen war? Ich denke nicht daran. Er kann mir gestohlen bleiben.»

«Ach, Kind, sag erst mal Vater Guten Tag. Er freut sich sehr über deinen Besuch. Es geht ihm nicht so gut in letzter Zeit. Das Herz, du weißt ja. Und dann mußt du was essen. Ich habe Brätknödelsuppe gekocht, die ißt du doch so gern.»

★★★

«Hallo Mutter, hier ist Iris.»

«Kind, schön, daß du anrufst. Vater liegt im Bett, es geht ihm gar nicht gut.»

«Mutter, Hansjürgen ist weg.»

«Was heißt das, ‹Weg›?»

«Na, er ist ausgezogen, hat sich eine eigene Wohnung genommen. Wir leben offiziell getrennt, und in genau einem Jahr will er die Scheidung einreichen.»

«Ach, weißt du, in einem Jahr kann so viel passieren, vielleicht kehrt er in Kürze reumütig zu dir zurück.»

«Wie ich ihn kenne, bestimmt nicht.»

«Also, du kommst erst mal Weihnachten nach Hause, und wir machen’s uns schön gemütlich und reden in Ruhe über alles. Vater freut sich auch, er hat in letzter Zeit oft nach dir gefragt. Es geht ihm wirklich nicht gut.»

«Mutter, sei mir, bitte, nicht böse, aber ich könnte Weihnachten nicht bei euch verbringen. Ich spüre so eine riesige innere Unruhe in mir. Ich muß weg, ganz weit weg. Irgendwohin, wo es kein deutsches Weihnachten gibt mit Tannenbaum und ‹Leise rieselt der Schnee›. Ich habe einen dreiwöchigen Urlaub auf Fuerteventura

gebucht. Sonntag fliege ich und bleibe bis über Neujahr.»

«Kind, das tut mir leid, daß du Weihnachten nicht zu
uns kommen willst. Vater wird sehr enttäuscht sein.»

★★★

Rose von Morro,
nimm diese Rose zum Abschied als Zeichen meiner Ver-
ehrung. Du hast mir Freude geschenkt durch Deine
Schönheit. Deine Zärtlichkeit hat mich mehr erwärmt als
die Sonne. Ich nehme schöne Erinnerungen als Weihnachtsgeschenk mit nach Hause, doch bei Erinnerungen
soll es nicht bleiben. Ich hoffe, daß unsere Trennung
keine lange sein wird und wir uns schon bald wiedersehen.

Schöne von Morro, wenn ich auf meinem Segelboot
stehe und nach den Sternen navigiere, werde ich Grüße
an Dich zu unserem Stern hinaufschicken. Und wenn Du
ihn besonders hell funkeln siehst, weißt Du, daß er eine
Botschaft von mir überbringt.

Ich möchte mein Lebensschiff in den Hafen steuern
und bei Dir vor Anker gehen. Wenn Du mehr als einen
Freund brauchst, setze das richtige Licht an der Hafen-
einfahrt.

Das wünscht sich mehr als alles andere

Jens-Uwe

★★★

«Hallo, Bea, du? Ich wünsche dir fröhliche Weihnachten.
Aber ich wollte Mutter sprechen, ist sie nicht da?»

«Mutter ist auf dem Pfarramt, um mit dem Pastor die
Beerdigung zu besprechen.»

«Was für eine Beerdigung?»

«Vaters Beerdigung. Er ist gestern abend gestorben.»

130

«Oh, mein Gott. Das tut mir ja so leid.»

«Das hilft jetzt auch nichts mehr. Du bist ja nie da, wenn man dich braucht. Mußt du immer in der Weltgeschichte herumschwirren. Ich habe bis zuletzt an seinem Bett gesessen. Glaub mir, es war nicht schön. Aber du drückst dich ja immer vor allem!»

«Sag bitte Mutter, daß ich das nächste Flugzeug nehme.»

. . . .

EINE WEIHNACHTLICHE VISION

Vor vielen Jahren lebten die drei Geschwister mit noch fünf weiteren Brüdern und Schwestern in einem Bergstädtchen, wohlbehütet von Eltern, Großmutter und der alten Anna. Weihnachten war für die Kinder der Höhepunkt des Jahres. Kleine Wünsche wurden ihnen erfüllt; es roch nach Tannenbaum, Wachskerzen und Pfefferkuchen; Weihnachtslieder klangen durch das Haus.

Dann kam der Krieg; Sorgen und Tod kehrten ein. Doch traf es sie nicht allein. Jede Familie litt durch den Krieg. Als dieser zu Ende war, wurden die drei Geschwister vom russischen Geheimdienst verschleppt, verurteilt, getrennt. Viele Jahre gab es für sie kein Weihnachten mehr. Keiner von ihnen wußte, wo der andere war, ob er noch lebte und auch nicht, wohin die Angehörigen vertrieben wurden.

Immer, wenn die Weihnachtsfesttage nahten, lebten die drei aus der Erinnerung, flüchteten in Gedanken nach Hause, ins Reich ihrer Kindheit, in ihre Heimat, wo jetzt sicher dicker Schnee lag und glitzerte. Wie hatten sie von Jahr zu Jahr gehofft, heimzudürfen, nicht mehr hungern und frieren zu müssen. Oft kannten sie keine Hoffnung mehr und fanden keinen Trost.

Wieder wurde es Weihnachten. Aller Segen dieser Nacht und die Menschlichkeit des früheren Feindes hatten sich über die drei Geschwister gebreitet. Eine Amnestie nach dem Tod des Diktators hatte auch sie begnadigt. Nach langer Zeit hatten sie sich in einem Auffanglager wiedergefunden. Nun saßen sie zusammen in einem Viehwaggon um ein Tannenbäumchen, das sie bei einem Halt unterwegs von einem Waldrand geholt hatten. Sie sprachen wenig miteinander, sahen nur immer die kleine Tanne an. Wie sie so das Bäumchen anschauten, glaubten sie, es wachsen zu sehen und sich in den Christbaum ihrer Kindheit zu verwandeln. Kugeln und Lametta leuchteten silbern im Schein der vielen kleinen Wachskerzen. Süße Schokoladenkringel und Pfefferkuchenherzen hingen an den Zweigen. Leise Weihnachtsmusik ertönte.

Lange saßen sie so da, versunken in diese vergangene Welt. Wie aus einem Traum erwachten sie, strichen sich übers Gesicht. Sie dachten daran, daß sie nach Hause fuhren. Noch wußten sie nicht, wo sie ihre Angehörigen finden würden; doch weihnachtlicher Friede war in ihren Herzen.

. . . .

KINDERAUGEN

Draußen vor dem Fenster war es dunkel und leise geworden an diesem vierundzwanzigsten Dezember. Auch hier
in der Küche gab es dunkle Ecken, die die Petroleum-
lampe nicht ausleuchten konnte. Mama hatte sie sorgsam
auf den Küchenschrank gestellt, damit wir kleinen Mädchen sie nicht erreichen konnten.

Zu dritt saßen wir am Tisch; ich, Jula, die Älteste mit
acht Jahren, Hedda war sieben, und unsere jüngste, Lotti,
war fast vier Jahre alt.

Lotti spielte mit einer kleinen Puppe, die sie an- und
auszog. Wir beiden großen unterhielten uns flüsternd,
weil dieser Tag so spannend war und wir alle schon so
lange warteten, und da wollten wir nicht so laut sein.
Außerdem hatten wir schon unsere Sonntagskleider an,
und da war es verboten, herumzutoben.

Dieser Weihnachtsabend war anders als die anderen,
die wir schon erlebt hatten, weil wir nicht genau wußten,
ob der Weihnachtsmann kommen würde. Keine von uns
hatte wie sonst irgendwo geheimnisvolle Pakete oder
Kartons gesehen. Wir kannten alle Verstecke im Haus.
Nur im großen Geschirrschrank hatten wir die Bunten
Teller entdeckt, allerdings ohne ihre süßen Auflagen.
Und wir wußten, daß das die Bunten Teller waren, weil
auf dem Porzellan bunte Bilder waren. Nicht einmal ein
Tannenbaum war im Hof oder im Garten abgestellt.

Mama hatte gesagt, wenn die Kinder ungezogen seien,
brächte der Weihnachtsmann ihnen nichts. Und deshalb

redeten wir jetzt leise darüber, ob wir wirklich ungezogen gewesen waren. Aber eigentlich fiel uns nichts Besonderes ein, jedenfalls nichts wirklich Schlimmes. Da sollte der Weihnachtsmann doch erst einmal bei den frechen Jungen aus der Nachbarschaft nachsehen. Die haben jedes Jahr nach Weihnachten mit ihren schönen Geschenken geprahlt.

Wir überlegten auch, ob es denn einen Weihnachtsmann überhaupt gäbe. Bisher war er ja schon immer weg gewesen, wenn wir ins Weihnachtszimmer durften. Aber Mama hatte gesagt, daß er manchmal wiederkommt, um zu sehen, ob wir auch alle brav gewesen sind und am Heiligen Abend unsere Gedichte aufsagen können.

Zwischendurch standen wir immer mal vom Tisch auf und lauschten an der verschlossenen Wohnzimmertür. Dorthin hatte Mama sich zurückgezogen, wie sie es nannte, nachdem wir alle frisch angezogen waren. Papa war noch nicht zu Hause.

Wir wohnten unten, und einmal meinten wir, drinnen im Wohnzimmer sei ein Fenster geöffnet und wieder geschlossen worden. Auch andere Geräusche waren zu hören: Knistern, Klappern, Scharren. Vielleicht war ja jetzt der Weihnachtsmann doch da drinnen?

Lotti wurde ungeduldig: «Wann wird die Tür denn endlich aufgemacht? Ich habe Hunger.»

«Abendessen gibt es erst nach der Bescherung», sagte Hedda.

«Ich kann aber schon vom Bunten Teller essen.»

Die Bunten Teller! Wenn ich daran dachte, konnte auch ich die Zeit kaum abwarten. Soviel Süßigkeiten auf einmal gab es sonst im ganzen Jahr nicht. Und wenn die besten Sachen aufgegessen waren, konnte man mit dem Rest noch wunderbar tauschen. Pfefferkuchen gegen Marzipankartoffeln oder Nüsse gegen Äpfel.

Da läutete die Glocke, und Mama öffnete die Tür. Papa stand hinter ihr. Wir drängelten uns in den Türrahmen und blieben dann stehen. Ein wunderschöner Weihnachtsbaum verbreitete mit vielen Kerzen goldenes Licht. An seinen Zweigen hingen silberner Schmuck und viele Süßigkeiten.

Auf dem Tisch standen die gefüllten Bunten Teller, und unter dem Baum konnte ich etwas erkennen, das ein bißchen so aussah wie der Kaufladen, den ich mir so gewünscht hatte. Zuerst aber mußten wir ein Weihnachtslied singen und unsere Gedichte aufsagen, so war es immer.

Mama begann mit «O du fröhliche», und wir sangen alle drei Strophen. Danach kam ich als erste mit meinem Gedicht an die Reihe. Ich hatte angefangen mit «Markt und Straßen steh'n verlassen», als draußen schon wieder mit der Glocke geläutet wurde, die nur der Weihnachtsmann hatte. Papa ging hinaus, um ihn einzulassen. Wir warteten.

Dann kam er herein, der Mann, den wir noch nie vorher sehen durften. Er hatte schwarze Stiefel an, einen langen, dunklen Mantel und auf dem Kopf eine Wollmütze. In der Hand hatte er die Rute, mit der anderen hielt er den Sack fest, der aussah wie unsere Kohlensäcke. Und der war fast leer.

Er stellte den Sack ab und ging zum Weihnachtsbaum. Vor diesen stellte er sich hin und guckte uns an.

Mit dumpfer Stimme sprach er: «Fröhliche Weihnachten und ein gesegnetes Fest euch allen! Wer sagt denn sein Gedicht auf?»

Mama stieß mich an, und ich trat einen Schritt vor. Ich schaute in das Licht vom Tannenbaum, und da war das Gesicht des Weihnachtsmannes.

Er hatte eine Maske auf. Die hatte eine runde Knubbelnase, rote Bäckchen und einen ganz breiten Mund, der lächelte, über dem weißen Bart. Aber wo waren seine Augen?

Dunkle Löcher ohne Licht, ohne Augen starrten mich an. Als wenn er mich gar nicht sehen könnte. Mich gruselte, der Weihnachtsmann war unheimlich.

Mein Hals tat weh, meine Hände waren ganz naß, ich fing wieder an mit «Markt und Straßen steh'n verlassen», dann hatte ich den Rest vergessen. Ich wiederholte noch einmal «Markt und Straßen steh'n verlassen». Dann war ich still. Wie gebannt hatte ich in die dunklen Augenlöcher gestarrt, jetzt schaute ich auf den Boden. Eben noch hatte ich den Text so gut gekannt.

Der Weihnachtsmann brummelte ein paar Worte, die ich nicht verstand, dann bückte er sich nach seinem Sack.

Da rief Lotti plötzlich: «Guck mal, der Weihnachtsmann hat ein Schwänzchen!»

Da war es plötzlich, als könnte ich alles wieder genau sehen.

Und wirklich, es sah so aus, als ob der Weihnachtsmann ein Schwänzchen hätte. Sein schwarzer Mantel hatte sich beim Bücken hinten geteilt, und aus dem geöffneten Schlitz sah ein gestreifter Stoffzipfel hervor.

Alle lachten, auch der Weihnachtsmann ganz dumpf, und ich auch.

. . . .

Weihnachten und der Spuk

Kinder aus der Diaspora, die in einer Thüringer Kleinstadt eine Privatschule besuchten, sollten einmal vier Wochen lang in einer bayrischen Gemeinde katholisches Leben näher kennenlernen. Im Jahr 1938 kamen aus diesem
Grund zwei Schulklassen mit zehn sieben- und achtjäh-
rigen Kindern nach Birkenfeld bei Marktheidenfeld.
Hier wohnten sie bei Bauersleuten, und die Schule
wurde zusammen mit den einheimischen Kindern besucht.

Margret kam in eine große Familie, die aus dem Bau-
ern, der Bäuerin, zwei erwachsenen Söhnen und drei
Töchtern bestand, auch Tante Amalie gehörte dazu. Diese
Familie hatte ein Anwesen mit vielen Kühen, Schweinen,
Ziegen und Hühnern. Die Verantwortung für Margret
übernahm die älteste Tochter Luise. Sie schliefen auch zu-
sammen in einer Kammer, in der zwei Betten, ein
Schrank und eine Kommode standen.

Wenn Margret aus der Schule kam, zu Mittag gegessen
und ihre Schularbeiten gemacht hatte, hörte sie oft ihre
Schulfreunde auf der Straße lachen, spielen und ihren
Namen rufen. Dann wünschte sie sich immer, dabei zu
sein, aber daraus wurde nichts, denn Luise wollte, daß
Margret durch eifriges Lernen ihre Kenntnisse in Reli-
gion verbessern sollte, und sie erhielt von ihr deshalb immer neue Aufgaben. Das gefiel Margret nicht, sie fühlte
sich schon ganz einsam. Sie wollte nun wenigstens mit
den zwei Katzen spielen, die aber selten ins Haus kamen.

Immer, wenn sie eine Katze in die Arme nahm, legte diese die Ohren nach hinten, fauchte sie fürchterlich an und sprang dann wie ein wildes Tier mit einem hohen Satz davon. Weil Margret nun gar keine Spielgefährten hatte, war sie manchmal sehr traurig. Die Tage wurden langweilig.

Margret freute sich über jede Abwechslung. Mit Vergnügen sammelte sie die Eier aus den Hühnernestern ein oder suchte in der Scheune nach ihnen. Manchmal raschelte es im Stroh, und dann sprang von dem obersten Balken etwas durch die Luft. Es waren die beiden wilden Katzen.

Dann kam doch einmal ein sehr schöner Tag für Margret. Die ersten Schneeflocken tanzten im Wind, und die Sonne verdrängte ab und zu die grauen Wolken. Margret fuhr mit den beiden Söhnen und Luise auf einem Leiterwagen, der von zwei Ochsen gezogen wurde, in den Spessart, um aus dem Wald eine Tanne für den Heiligen Abend zu holen.

Am nächsten Tag ging die Familie wie immer ihrer Beschäftigung in den Ställen und auf dem Hof nach. Als es dann dunkel wurde, kam Luise und führte Margret in eine Stube, in der die Tanne, als Weihnachtsbaum geschmückt, stand. Luise zeigte ihr ihre Geschenke. Es waren ein Kleid, ein Paar gestrickte Strümpfe und ein Weihnachtsteller mit Butterplätzchen. In der Stube war es sehr kalt, deshalb ging Luise mit Margret sofort in die warme Küche zurück. Nach dem Abendessen wurde sie in's Bett gebracht.

Margret konnte in dieser Heiligen Nacht nicht einschlafen, denn sie dachte daran, wie man daheim Weihnachten feierte. Da kam der Weihnachtsmann, in der schönen warmen Stube strahlte der Christbaum im Lichterglanz, da gab es Lebkuchen und Marzipan, der Christstollen wurde angeschnitten, und dann ging sie mit ihren Eltern in die Mitternachtsmesse, um das Christkind in der Krippe zu besuchen. Ja, für sie gehörte das alles zur Heiligen Nacht.

Es dauerte lange, bis Luise erschien, um ihr Bett aufzusuchen. Margret war mit dem Kopf unter die Decke geschlupft und machte sich nicht bemerkbar. Nach geraumer Zeit fing es über der Zimmerdecke an zu spuken. Das war eine Rennerei, ein Hüpfen und ein Jagen, und die fürchterlichen Geräusche wollten kein Ende nehmen. Margret hatte große Angst und sah, daß Luise eine Kerze angezündet hatte und mit gefalteten Händen vor ihr stand. Margret fragte sie, was das denn für ein Krach sei, aber Luise wußte es auch nicht und betete weiter. Jetzt bekam Margret noch mehr Angst. Verzweifelt flüsterte sie: «Schutzengel, bleibe bei mir. Vertreibe die Gespenster.»

Ihre Augendeckel wurden immer schwerer und das Spuken leiser, dann schlief sie ein.

Als sie am nächsten Morgen die Treppe hinunter zur Küche gehen wollte, sah sie, daß auf dem Flur eine Tür nach oben aufgeklappt war. Sie ging die paar Stufen hinauf und wollte wissen, was sich da oben verbarg. Sie sah einen großen Speicher mit vielen zugebundenen Säcken und hohen Körnerhaufen. Sie hatte einmal gehört, daß Gespenster nur um Mitternacht spuken und tagsüber schlafen. Nun schaute sie, ob die Gespenster ihre langen weißen Gewänder ausgezogen und an den Balken aufgehängt hatten, aber es war nichts zu sehen. Margret ging nun ganz schnell die Treppe hinunter, und was sah sie da auf der letzten Stufe, direkt vor der Küchentür? Es war etwas Ekelhaftes, ein graues Fell, und da hing rotes Fleisch heraus. Sie stürmte in die Küche und fragte Luise: «Was liegt da vor der Tür?»

Luise ging hinaus und schloß die Küchentür hinter sich. Als sie wieder hereinkam, sagte sie: «Das war eine Ratte, die hat die Katze dahin geschleppt.»

Von da an ging Margret den Katzen immer aus dem Weg.

Dann läuteten die Glocken, und Margret ging mit der Familie in die festliche Weihnachtsmesse. Danach traf sie ihre Schulkameraden, und sie erzählte, was sie alles erlebt hatte. Joachim und Willibald waren davon überzeugt, daß das ein Geisterhaus sei. Margret wollte nun wissen, wann sie wieder nach Hause führen, und die beiden Jungen antworteten, daß die Heimreise doch schon am kommenden Wochenende stattfände. Alle freuten sich darüber. Als Margret zurück in die Küche kam, hatten die Bäuerin und Luise schon das Mittagessen bereitet. Es gab Sauerkraut, Erbsenbrei und ein großes Stück Fleisch.

Da Margret nichts Verdächtiges auf dem Speicher entdeckt hatte, nahm sie an, daß die Gespenster diese Nacht in einem anderen Haus spuken und ihr Unwesen treiben würden. Daher hatte sie keine große Angst vor dem Schlafengehen, und im übrigen, in ein paar Tagen war sie ja wieder daheim. Trotzdem schlief Margret unruhig, und als sie einmal aufwachte, geisterte es wieder ziemlich laut über ihrem Bett. Margret wollte aufstehen, aber Luise meinte, daß es doch erst Mitternacht sei. Die Poltergeister hatten sich also doch wieder eingefunden und rasten da oben herum. Margret zog den Kopf unter die Bettdecke, da hörte sie das Spuken nur noch ganz leise, und schließlich schlief sie wieder ein.

Die nächsten Tage vergingen sehr schnell, und der Abreisetag war gekommen. Vor dem Pfarrhaus stand ein kleiner Bus, der die Kinder an die Bahn bringen sollte. Von den Familien und den Klassenkameraden wurde Abschied genommen. Luise drückte Margret noch eine Tüte mit Wurstbroten, gekochten Eiern und Äpfeln in die Hand. Dann fuhr der Bus los, und alle winkten. Auf der Bahnfahrt gab es viel zu sehen, und deshalb verging die Zeit sehr schnell, und plötzlich fuhr der Zug in den Heimatbahnhof ein.

Da standen die Mütter, um ihre Kinder wieder in Empfang zu nehmen. Margret stürmte auf ihre Mutter zu, die neben dem Herrn Pfarrer stand, und rief: «Mutti, in Birkenfeld gibt es am Heiligen Abend keinen Weihnachtsmann und kein Christkind, es gibt nur Gespenster!»

Die Mutter und der Herr Pfarrer schauten sich entsetzt an und fragten: «Was sagst du da?»

Margret antwortete, daß es an den Weihnachtstagen um Mitternacht über ihrem Bett gespukt habe und daß entsetzliche Geräusche zu hören gewesen seien. Die anderen Kinder gesellten sich hinzu und berichteten, daß Margret nie spielen durfte und immer lernen mußte. Sie waren auch der Meinung, daß es ein Geisterhaus sei, weil es nur um Mitternacht spukte. Nachdem sich Margrets Mutter und der Herr Pfarrer die ganze Geschichte angehört hatten, sagten sie, daß es keine Gespenster und keinen Poltergeist gäbe. Daraufhin erwiderte Margret, daß sie das Spuken laut und deutlich gehört habe. Sie flehte ihre Mutter an: «Mutti, Mutti, bitte, schicke mich nie wieder fort.»

Die Mutter nahm sie in die Arme und tröstete sie: «Margret, habe doch jetzt keine Angst mehr, du bist doch wieder daheim und bleibst auch bei mir.»

Margret freute sich und lachte wieder.

DAS SCHWARZE SCHAF

«Ich denke, wir müssen noch etwa zehn Kilometer fahren», sage ich zu Lisa, meiner Frau.

«Wir hätten doch etwas früher von zu Hause losfahren sollen», entgegnet sie. «Sicher wartet man schon seit Stunden auf uns.»

Ich gebe Lisa recht, aber wie konnte ich ahnen, daß wir unterwegs von einem starken Schneefall überrascht würden.

Es ist Heiligabend. Wir befinden uns auf dem Weg zu meinem Cousin Andreas, der in der Heimat meiner Großeltern, einem kleinen Dorf im badischen Odenwald, lebt.

Ich habe ein schlechtes Gewissen. Meinen Cousin und seine Frau hatten wir zuletzt vor achtzehn Jahren bei der Beerdigung meiner Mutter in Frankfurt gesehen. Seit dieser Zeit hat Andreas immer wieder angerufen und uns zu einem Besuch in Waldbrunn eingeladen, zumal Lisa das Dorf doch noch nicht kannte.

Ich weiß nicht, warum ich dieser Einladung bisher noch nicht folgte, denn ich mochte Andreas und seine Familie immer sehr gern.

Endlich treffen wir ein. In dem Dorf hat sich seit meinem letzten Besuch vieles verändert. Es wurden zahlreiche Häuser sowie zwei zusätzliche Straßen gebaut.

Es schneit heftig, und durch die Fenster der Häuser dringt ein warmer, gelbroter Lichtschein.

Als wir uns vor dem alten Bauernhof, den meine Urgroßeltern gebaut haben, einfinden, bin ich gespannt und erwartungsvoll.

Vor dem Haus steht noch die alte Linde, in deren Schatten ich im Sommer mit den Nachbarskindern gespielt habe.

Wir klingeln, und bereits nach drei Sekunden öffnet mein Cousin die Tür. Wir schauen uns in die Augen, lachen, und er umarmt mich und meine Frau.

«Wir haben uns schon große Sorgen um euch gemacht, es ist ja bereits neun Uhr», sagt er.

«Es tut uns leid», erwidere ich, «aber das Wetter hat uns einen Strich durch die Rechnung gemacht.»

Wir treten ein und begrüßen Monika, seine Frau, sowie Claudia, die Tochter, und Mario, ihren italienischen Mann.

Das geräumige Wohnzimmer hat dunkelbraune Deckenbalken. Es gibt eine hölzerne Eckbank, die bei Besuchen während meiner Kindheit immer mein Lieblingsplatz war.

Andreas bereicherte vor etlichen Jahren die Bauernstube durch einen offenen Kamin. Das Feuer erfüllt den Raum mit einer behaglichen Wärme.

In einer Ecke steht ein großer Christbaum, der mit Lametta geschmückt ist und von elektrischen Kerzen beleuchtet wird.

Ich weiß, rote Weihnachtskerzen entsprechen nicht Lisas Geschmack, aber mir gefallen sie sehr gut.

Monika sagt: «Nun müssen wir uns aber zunächst einmal stärken. Es gibt Kartoffelsalat mit Würstchen sowie Feldsalat mit Croutons. Für morgen habe ich einen Gänsebraten vorbereitet.»

Wir lassen es uns schmecken. Zum Essen trinken wir Bier und anschließend badischen Wein.

Mario zeigt einen großen Appetit. Claudia lächelt und

sagt: «Während unserer Ehe hat sich unser Geschmack etwas verändert. Mario bevorzugt deutsche Hausmannskost, und ich liebe Pastagerichte.»

Die beiden sind seit drei Jahren verheiratet und sehr ineinander verliebt.

Mein Cousin ist Anfang fünfzig und treibt für sein Alter noch viel Sport. Im vergangenen Sommer hat er an einem achttägigen Radrennen durch Baden-Württemberg teilgenommen, das unter der Bezeichnung «Tour de Ländle» veranstaltet wurde.

Vor zwei Jahren hat er begonnen, sich mit der Herkunft unserer Familie zu beschäftigen.

Ich frage ihn: «Andreas, bist du mit deiner Ahnenforschung inzwischen vorangekommen?»

Er entgegnet: «Leider nein. Der Faden ist plötzlich abgerissen. Das hängt auch damit zusammen, daß unsere Vorfahren plötzlich den Familiennamen gewechselt haben. Außerdem gibt es noch einen dunklen Punkt. Anscheinend befanden sich vor geraumer Zeit einige schwarze Schafe unter unseren Ahnen, die ihren Lebensunterhalt durch Raubüberfälle verdienten. Hierbei soll es sogar eine lose Verbindung zu der Bande des Schinderhannes im Hunsrück gegeben haben.»

Monika verdreht theatralisch die Augen: «Da haben wir ja in eine schöne Familie eingeheiratet.»

Alle lachen.

Wir betrachten uns nun gemeinsam die zahlreichen Fotografien an den Wänden. Sie sind zum Teil schon sehr vergilbt und zeigen die Großeltern, deren Kinder sowie andere Verwandte.

Mein Vater hatte noch sechs Geschwister, die inzwischen alle verstorben sind.

Ich frage Andreas: «Gibt es denn kein einziges Foto von unserem Onkel Paul?»

«Nein», sagt er, «du weißt ja, daß im Zusammenhang mit Paul irgend etwas passiert sein muß, was die Großeltern veranlaßte, sämtliche Kontakte zu ihm abzubrechen. Du hast aber schon einmal angedeutet, daß dir eine Reihe von Einzelheiten bekannt sind. Heute abend ist doch eine gute Gelegenheit, sie uns zu erzählen.»

«Wollt ihr das wirklich hören?» frage ich.

«Aber natürlich, wir sind sehr gespannt», sagt Claudia.

«Na gut», sage ich, «dann hört mal zu. Meine Erzählung über Paul besteht aus Mosaikstückchen, die sich aus eigenen Erlebnissen sowie aus Berichten meiner Eltern zusammensetzen.

Paul war in seiner Jugend ein unberechenbarer Junge, kraftstrotzend und teilweise sehr jähzornig. Den Jähzorn hat er übrigens von unserem Großvater geerbt.

Als Paul etwa achtzehn Jahre alt war, gab es eine Auseinandersetzung mit dem Vater, die schließlich in einer Prügelei endete, wobei der Vater erheblich verletzt wurde.

Noch am gleichen Tage packte Paul seine wenigen Habseligkeiten, marschierte eine Stunde bis zur nächsten Bahnstation und fuhr von dort nach Frankfurt.

Ich weiß nicht, auf welchem Wege er dort eine Unterkunft gefunden hat, aber ich denke, er war ein guter Handwerker und hatte in seinem Beruf als Zimmermann zunächst einmal keine Probleme, seinen Lebensunterhalt zu verdienen.

Eines Tages, ich glaube, ich war damals etwa drei Jahre alt, tauchte er bei meinen Eltern in Frankfurt auf.

Er berichtete, daß es ihm gut ginge und er eine Wohnung im Stadtteil Bockenheim bezogen habe.

Bei seinen weiteren Besuchen vergaß er nie, für mich eine Tafel Schokolade mitzubringen.

Eines Tages aber wurde er arbeitslos. Es war die Zeit

um 1929, als die Arbeitslosen in Gruppen durch die Straßen zogen und «Hunger, Hunger» schrieen.

An einem Wintertag, so berichtete meine Mutter damals, war sie in der Innenstadt, als vor ihr ein Pferdefuhrwerk anhielt, in dem Heizbriketts transportiert wurden.

Von dem Kutschersitz stieg Paul, anscheinend, um sich in einer Kneipe ein Bier zu genehmigen.

Er freute sich, als er meine Mutter sah, und erzählte, daß er mit dem Transport der Briketts eine kleine Nebenbeschäftigung gefunden habe.

In diesem Augenblick erschienen zwei Polizisten und forderten ihn auf, weiterzufahren, da er den Verkehr in der Kronprinzenstraße behindere.

Paul weigerte sich, es gab eine heftige Auseinandersetzung, in deren Verlauf er ein Brikett nach dem anderen ergriff und damit die Polizisten bewarf.

Diese konnten ihn schließlich übermannen und führten ihn ab.

Einige Zeit später, als ich allein zu Hause war, klingelte es, und vor der Tür stand ein großer Mann mit einem Vollbart und einem stechenden Blick.

Er fragte mich: «Kann ich deinen Vater sprechen?»

Ich antwortete, daß ich allein zu Hause sei.

«Macht nichts», sagte er. «Hier ist ein Koffer, der gehört deinem Onkel Paul. Heb ihn gut auf, dein Onkel wird ihn in einer Woche wieder abholen.»

Er stellte einen großen schwarzen Koffer in den Flur und verschwand.

Als meine Eltern zurückkamen und den Koffer sahen, waren sie sehr betroffen und sprachen längere Zeit im Flüsterton über das Ereignis.

Sehr viel später erfuhr ich dann durch meine Mutter, daß Paul seinen Lebensunterhalt durch Diebstähle bestritt.

Er berichtete, zum Entsetzen meiner Eltern, sehr freimütig hierüber.

So stieg er in einer heißen Sommernacht durch das offene Fenster einer Villa im Frankfurter Westend und entwendete, die Bewohner schliefen, von einem Nachttisch eine Uhr und zwei Ringe.

Es gibt nun für mich eine große Lücke im Lebenslauf von Paul. Es ist sicher, daß er in Waldbrunn niemals mehr auftauchte.

Dagegen, so wurde berichtet, erschien er für einige Zeit öfters im Höllgrund. Ihr wißt, der Höllgrund ist eine dunkle Schlucht, etwa zwanzig Kilometer von hier entfernt. Im Höllgrund sah man ihn immer mit einem Schlachtergesellen namens Josef zusammen.

Josef galt als sehr gewalttätig. Bei einer Schlägerei in einem Wirtshaus hatte er ein Auge verloren.

Ich kann nicht sagen, was die beiden miteinander verband, ich glaube jedoch nicht, daß sie gemeinsam den Rosenkranz gebetet haben.

Irgendwann jedenfalls bekam Paul wieder Arbeit und beendete damit wohl auch seine kriminellen Tätigkeiten.

Ich freute mich jedenfalls immer wieder, wenn er uns besuchte.

Er war ein kräftiger Mann, und er strahlte eine unheimliche Ruhe aus, jedenfalls konnte ich mir nicht vorstellen, daß er früher sehr jähzornig gewesen sei.

Äußerlich gesehen ähnelte er dem französischen Schauspieler Jean Gabin.

Paul lebte dann mehrere Jahre mit einer Frau zusammen, die ein Blumengeschäft besaß.

Ich will es nun kurz machen. Paul überlebte seine Lebensgefährtin, meine Eltern und die Geschwister.

Durch die Schwester der Blumenhändlerin erfuhr ich, daß er gestorben war.

Bei seiner Beerdigung war ich überrascht, welch großen Bekanntenkreis er gehabt hatte. Außer der Schwester seiner Lebensgefährtin kannte ich niemand von den Trauergästen.

Als letzten Gruß warf ich einen Blumenstrauß in sein Grab.

Übrigens habe ich auch ein Andenken von ihm. Als ich noch ein Junge war, schenkte er mir einen Dolch, der anscheinend in einem fremden Land, vermutlich in Spanien, gefertigt wurde.»

Als meine Geschichte zu Ende ist, schließe ich einen Moment die Augen.

Vor mir erscheint das Bild des Mannes, den ich, trotz seiner zeitweise dunklen Vergangenheit, so gemocht hatte.

Onkel Paul, frage ich, habe ich nun dein Andenken beschmutzt?

Nein, sage ich mir, welcher Mensch ist schon ohne Fehl und Tadel, und wer wagt es, auf dich den ersten Stein zu werfen?

Die Anwesenden scheinen durch meine Geschichte doch sehr beeindruckt zu sein, und keiner sagt zunächst ein Wort.

Schließlich frage ich: «Seid ihr nun traurig, daß es in der Familie ein schwarzes Schaf gibt?

Vielleicht haben auch die Gene unserer Vorfahren von der Schinderhannes-Connection eine unheilvolle Rolle gespielt.»

Alle lachen.

Plötzlich friere ich jedoch ein wenig, gehe mit meinem Weinglas zu dem offenen Kamin und sage: «Trinken wir auf den heutigen Abend, auf das Leben und auf die Erinnerung.»

Der Geist des Urgrossvaters

Die Tage vor Weihnachten erlebte ich als Kind immer bei meinen Großeltern, so waren sie während der turbulenten, für sie eher stillen Zeit nicht allein, und ich wurde schon vor dem Heiligen Abend und der anschließenden Bescherung nach allen Regeln der Kunst verwöhnt.

Ich hielt Einzug in mein kleines Zimmer, das sie liebevoll weihnachtlich geschmückt hatten, fand den runden Tisch belegt mit Schokoladenherzen und dazwischen je ein blankes Markstück für die Sparbüchse, die ja eine Einbuße erlebt hatte, und auf der bordeauxroten Plüschcouch das weiße Tüllkissen – mein Taufkissen –, das ich zur Weihnachtszeit tatsächlich benutzen durfte. Und da gab es noch etwas, worauf ich mich auch während anderer Aufenthalte bei den Großeltern freute, auf das Wiedersehen mit meinem Urgroßvater.

Gleich beim Betreten meines Zimmers begrüßten mich seine gütigen Augen, und seine Blicke begleiteten mich, wohin ich mich im Zimmer auch bewegte; er hatte es sich in seinem Lehnstuhl bequem gemacht und verfolgte gelassen und vertrauenerweckend die Vorgänge im Raum. Daß er nur in halber Größe anwesend war, denn er befand sich auf einem Gemälde, tat dem leibhaftigen Eindruck keinen Abbruch.

Er war von klein auf mein Vertrauter; ihm beichtete ich meine Sünden, ihm trug ich meine heimlichen Wünsche vor, und teilte ihm so manchen Schmerz mit. Wie oft hatte sich dann hinterher alles zum Guten gewendet.

Noch immer besuche ich, inzwischen erwachsen geworden, die Großeltern, doch er ist weiter zuständig für meine Probleme und Wünsche. Sie werden ihm nun nicht mehr laut und vernehmlich vorgetragen, nach Kinderart, jetzt halte ich stumme Zwiesprache mit ihm. Mein Anliegen diesmal betrifft meinen Großvater. Es bereitet mir zwar Freude, immer wieder eine Krawatte für ihn auszusuchen, aber ich möchte ihm gern einmal eine wirkliche weihnachtliche Überraschung bereiten.

Mit dem stillen Wunsch, mein Urgroßvater möge mir auf irgendeine Weise einen Hinweis geben, schaue ich zu ihm auf, und während mich Müdigkeit überkommt, scheint es, als stiege er aus seinem Rahmen und bewege sich auf mich zu, und ich höre ihn erzählen.

«Es war vor mehr als fünfzig Jahren – eine junge Frau liegt mit einem komplizierten Beinbruch im Krankenhaus; sie ist gerade operiert worden und hat Schmerzen. Der Operateur tat sein Bestes, aber, so wurde ihr gesagt, es würden Bewegungseinschränkungen zurückbleiben. Noch während sie bedrückende Gedanken quälen, wie die Zukunft für sie aussehen mag – vieles wird sie nicht mehr unternehmen können, was ihr Freude bereitet hatte –, betritt ein Arzt das Zimmer. Er ist für die Station nicht zuständig, gleichwohl kommt er die Patientin besuchen.

Er ist der Arzt ihrer Eltern und hat die zaghafte Zuneigung der jungen Frau zu ihm bemerkt. Nun sitzt er an ihrem Krankenbett und führt ein ungewöhnliches Gespräch mit ihr. Ihm ist ihre Liebe zu den Tieren bekannt, und er ermuntert sie mit immer neuen Fragen, über eine kleine Katze zu berichten, die ihr zugelaufen ist und eine innige Beziehung zu ihr entwickelt hat. Sie bemerkt seine Absicht, sie mit diesem Gespräch erheitern zu wollen, und bedankt sich besonders herzlich bei ihm für seinen Besuch. An der Tür wendet er sich noch einmal zurück, und sie gewahrt für einen kurzen Moment, wie Freude sein Gesicht erhellt, und dieser Funken der Freude trifft mitten ins Herz der jungen Frau; von Stund an hat sie keine Schmerzen mehr, und nach kurzer Zeit kann sie ohne Einschränkung gehen, als wäre nie eine Operation nötig gewesen. Der Arzt indessen weiß von jenen Empfindungen der jungen Frau damals bis heute nichts.»

Ich frage meinen Urgroßvater, ob ich dieses Geheimnis lüften dürfe. «Er hat all die Jahre mit den Folgen dieses Geheimnisses gelebt; jetzt wird er Gewißheit darüber erlangen», antwortet mir der Urgroßvater und begibt sich wieder in seinen Rahmen.

Als ich erwache, habe ich das gewünschte Weihnachtsgeschenk für meinen Großvater.

. . . .

VOM RECHTEN GEIST

Der Heilige Abend senkt sich herab.
Die Glocken läuten und klingen,
die Menschen jubeln und singen
Lieder zur Heiligen Nacht.

Lichter leuchten im Abendglanz
und machen froh die Herzen.
Weihnachtsbäume mit den Kerzen
erleuchten unser Erdenland.

Das Weihnachtsfest ist hohe Zeit.
Traurige können fröhlich werden.
Man steht in Kirchen und Domen bereit,
den Herrn zu loben und ehren,
zu danken, daß er den Heiland sandte,
den einzigen Retter der ganzen Welt,
der alles Böse verbannte.

Doch gibt es Menschen im Erdental,
die diesen Weg nicht finden,
weder im Leben noch im Tod
werden sie fertig mit ihrer Not.

Sie sind erfüllt mit verderblichem Geist,
der sie in falsche Richtungen weist.
Sie wissen weder ein noch aus
und irren auch im Todestal
herum von Haus zu Haus.

Auch in der Weihnachtszeit
erscheinen sie am Fenster
als plötzliche Nachtgespenster,
als Spukgestalten man sie sah
in alten Schlössern,
wo Böses geschah!
Sie suchen Hilfe in unserer Welt
und möchten überwinden
und endlich Ruhe finden.

Doch nur Menschen
vom Heiligen Geist beseelt
können erfassen, was sie quält.
Ihnen wird gegeben
das Wort zur rechten Zeit.
Sie weisen die Gespenster
auf Gottes Ewigkeit.

Wo der rechte Geist
den Irrenden gelehrt,
hat schon so mancher Spuk
für immer aufgehört!

Wilhelm Hübner

. . . .

Die Stimme meiner Mutter

Am Vorabend des Heiligen Abend lag ich nach vielen
Vorbereitungen für das Weihnachtsfest erschöpft im Bett
und konnte keinen Schlaf finden. Von weit her hörte ich
die Kirchturmuhr zwölf schlagen. Es war Mitternacht,
und der Mond schien hell. Plötzlich vermeinte ich, es
dreimal an der Kellertür klopfen zu hören. Nach einiger
Zeit klopfte es wieder. Ich stand auf, ging die Treppe
hinunter, um nachzusehen. Vor der Kellertür war nichts
zu entdecken. Der Keller war leer. Ich schloß die Kellertür ab und legte mich zurück ins Bett. Unwillkürlich
mußte ich an meine Mutter denken, die schon lange
verstorben war. Sie hatte uns als Kindern öfter von den
unruhigen Seelen der Toten auf dem Friedhof erzählt,
die bei Vollmond aus dem Grab stiegen und sich gegenseitig zuriefen und Geschichten aus ihrer Vergangenheit
erzählten. Und immer ging es dabei um Vergeltung für
ein ihnen zugefügtes Unrecht. Dabei sollen sie getanzt
und gelacht haben. Sie seien in schwarze Gewänder gehüllt gewesen und hätten Kapuzen über dem Kopf gehabt, so daß man Einzelheiten nicht hätte erkennen
können.

Durch dieses unerwartete Klopfen an der Kellertür
fielen mir diese Erzählungen wieder ein. Reglos und voller Angst blieb ich liegen und lauschte angestrengt in
die Dunkelheit. Alles war still. Plötzlich vernahm ich die
Stimme meiner Mutter mit den Worten: «Schon immer
wollte ich, daß Einigkeit und Zusammenhalt in der Fa-

milie bestehen. Ich will, daß du dich mit deiner Schwester wieder verträgst.»

Durch Erbauseinandersetzung hatte ich mich mit meiner Schwester zerstritten. Seit sechs Jahren hatten wir keinerlei Verbindung mehr. Der Grund dafür war, daß mein Schwager, der Mann meiner Schwester, ihr die Übernahme der Pflege an unserer bettlägerigen Mutter untersagt hatte. Das für mich damals Unerträgliche daran war, daß meine Schwester tatsächlich nicht bereit war, Hilfe zu leisten, obwohl sie zusammen mit unserer Mutter in deren Haus wohnte. So holte ich unsere Mutter zu mir und versorgte sie gemeinsam mit meiner Frau zwei Jahre lang bis zu ihrem Tod.

Ich knipste das Licht an. Meine Frau schlief tief und fest. Nichts deutete auf die Anwesenheit einer dritten Person hin. Heute war Weihnachten. An Weihnachten dachte ich immer an meine Eltern und besonders an meine Schwester. Wir hatten immer ein friedliches und liebevolles Weihnachtsfest verlebt, welches für uns Kinder mit großer Freude und spannungsvoller Erwartung verbunden war.

Durch die geheimnisvolle Stimme meiner Mutter wurde diese Erinnerung so verstärkt, daß ich nach dem Aufstehen meine Schwester anrief und ihr frohe Weihnachten wünschte. Sie freute sich sehr und war glücklich, daß ich mich gemeldet hatte. Spontan lud sie uns zum Essen ein. Seitdem haben wir wieder Verbindung zueinander.

Helmut Himmighoffen

. . . .

Von Menschen, die nicht an Gespenster glauben, und solchen, die es tun

«Es gibt keine Gespenster», höre ich meine Großmutter immer noch sagen. Ich war da anderer Meinung und dachte bei mir: Weißt du das wirklich so genau? Warte nur, wenn du Glück hast oder Unglück, wie immer man es nehmen will, dann kommt auch für dich der Tag, an dem dir ein Gespenst begegnet.

Heute war Heiligabend und die Familie im Hause meiner Großeltern zusammengekommen, um das Weihnachtsfest gemeinsam zu feiern. Bei der großen Zahl von Gästen, die erschienen waren, fiel der einzelne nicht so sehr auf, zumal auch die Räumlichkeiten, die meine Großeltern bewohnten, recht ausgedehnt waren. Im Wohnzimmer hatte sich eine Herrenrunde versammelt, wogegen die Frauen, teils beschäftigt mit Vorbereitungen für das Festmahl, teils Kinder beaufsichtigend, sich den größeren Rest des Hauses teilten. Zwischen den Frauen und Kindern fiel mir sofort der alte Mann auf, der mir einerseits bekannt vorkam, dessen Namen oder Herkunft ich aber nicht hätte benennen können. Er war mittelgroß, etwa achtzig Jahre alt, hatte schütteres weißes Haar und trug ein schwarzes Jackett, eine grauschwarz gestreifte Hose sowie schwarze Schuhe mit grauen Gamaschen. Trotz seines schon fortgeschrittenen Alters hatte er noch eine recht sportliche Figur und bewegte sich gewandt zwischen den anderen Gästen. Als er mich sah, blinzelte er mir fröhlich zu und war gleich darauf wieder verschwunden. Mich wunderte, daß die anderen Gäste ihn nicht bemerkt zu haben schienen. Ich fragte mich noch immer, wer das wohl sei, als mir plötzlich einfiel, wo ich sein Gesicht schon gesehen hatte. Im Zimmer meines Großvaters hing ein Gemälde, welches die Familie meines Urgroßvaters abbildete. Der alte Herr hatte große Ähnlichkeit mit meinem Urgroßvater. Der war aber doch schon viele Jahre tot! Da wurde mir erschreckend klar, daß er hier als Geist erschienen war und mich offensichtlich als seinen Urenkel erkannt hatte. Da ich ihn ebenfalls sehen konnte, hatte ich nun den Wunsch, mit ihm zu sprechen.

Ich begann, ihn zu suchen, und fand ihn im zur Zeit einzigen leeren Raum des Hauses, dem Wintergarten. Dort hatte er sich, wohl um sich etwas von dem Trubel in den anderen Räumen zu erholen, in einem Liegesessel niedergelassen und schien zu schlafen. Weil ich sehr begierig war, seine Stimme zu hören, wagte ich es herzklopfend, ihn anzusprechen, und fragte, wie es käme, daß er uns heute als Geist erschienen sei.

Er schlug die Augen auf und antwortete: «Nicht euch allen bin ich erschienen, sondern nur dir und deiner nicht an Gespenster glaubenden Großmutter. Alle anderen Anwesenden können mich nicht sehen, geschweige denn mit mir reden. Du mußt wissen, im Jenseits gibt es viele Interessenten für einen Besuch im Diesseits, aber noch lange nicht alle dürfen reisen, wie und wann sie wollen. Aufgrund der vielen Anmeldungen hat man Wartelisten eingerichtet, und auch ich habe mich vor vielen Jahren dort eintragen lassen. In diesem Jahr gehöre ich zu den Glücklichen, denen die Reiseerlaubnis erteilt wurde, und deswegen bin ich jetzt hier. Ich suche nun eine Gelegenheit, deiner Großmutter die Existenz von

Gespenstern zu beweisen, und bitte dich, mir dabei zu helfen.»

Ich war dazu sofort bereit und schlug ihm vor, Oma auf die Begegnung behutsam vorzubereiten. Das war ihm zuwenig spektakulär. Er hatte sich gedacht, daß er aus dem Gemälde im Zimmer meines Großvaters plötzlich herabsteigen würde. Ich solle nur dafür sorgen, daß Großmutter im Laufe des Abends einmal in die Nähe dieses Bildes käme. Zunächst wolle er jedoch die Gelegenheit ausnutzen und noch etwas im Hause spuken. Ich bat ihn, nur vorsichtig zu sein, damit Oma ihn nicht vorzeitig entdeckte.

So vernahm ich im Laufe des Nachmittags immer wieder lautstarke Gefühlsäußerungen, die mir jeweils meldeten, wo das Gespenst sich gerade aufhielt. Natürlich war die Küche ein Ort, den es bevorzugt aufsuchte, einerseits, um am Herd bei den Kochtöpfen Verwirrung zu stiften, andererseits, um die ihm unbekannten, neuartigen Küchengeräte kennenzulernen. Das führte zeitweise zu einem argen Chaos, weil das Gespenst immer wieder in die Arbeitsvorgänge einzugreifen schien. Hier wurden Zutaten falsch gemischt, dort Kochtemperaturen zum Schaden der Gerichte verändert, was die Essensvorbereitungen empfindlich störte. Als schließlich eine wie von Geisterhand in Gang gesetzte Küchenmaschine ihren Inhalt in der Küche verteilte, mußte ich eingreifen und meinen Urgroßvater von seinem Tun abbringen, um ein Scheitern unseres Festmahls zu verhindern.

Mein Urgroßvater aber war unermüdlich. Er suchte sich neue Gelegenheiten zum Spuken und beschäftigte auch die Herrenrunde mit allerlei Späßen. Hier trank er aus dem Weinglas eines Gastes, der sich über den verdunsteten Wein wunderte, oder nahm die Zigarre eines anderen an sich, der sie anschließend verzweifelt suchte. Ich beendete diesen Spuk, indem ich meinem Urgroßvater andeutete, daß ich jetzt den Zeitpunkt für gekommen hielte, meiner Großmutter, wie geplant, zu erscheinen. Meine Großmutter bat ich unter einem Vorwand, mit mir ins Zimmer meines Großvaters zu kommen. Dort forderte ich sie auf, mir zu sagen, ob sie an dem Familiengemälde eine Veränderung feststellen könne. Ihr fiel nichts auf, aber seltsamerweise hatte auch ich nicht den Eindruck, daß das Bild sich irgendeinem Wandel unterzogen hätte.

Da öffnete sich die Zimmertür, und mein Urgroßvater trat herein, in der Hand ein Tablett mit drei Gläsern, und sagte zu meiner entgeisterten Großmutter, daß er mit uns auf unser Wiedersehen anstoßen wolle. Großmutter war sprachlos und schien nur langsam ihre Fassung zurückzugewinnen. Endlich gelang es ihr, Worte zu finden. Ich erfuhr voller Erstaunen, daß mein Urgroßvater nicht tot, sondern seit vielen Jahren, aus mir bisher unbekannten Gründen, als verschollen gegolten hatte. Es schien mir, als erwachte ich aus meinem Traum, denn ich hatte ihn doch mit eigenen Augen spuken sehen. So war er also doch aus Fleisch und Blut und nicht der Geist, den ich mir für meine Großmutter erhofft hatte.

Nie mehr
an Weihnachten arbeiten
oder Die Geisterstimme im
Treppenhaus

«Müssen wir ausgerechnet an Weihnachten arbeiten?» fragt Heini. «Quatsch nicht und mach deine Arbeit richtig. Hast du wenigstens richtig ausgemessen?» sagt Meister Konrad. «Er war ein Meter fünfundneunzig groß», antwortet der Lehrling, «die Bretter habe ich auf zwei Meter fünfzehn zugeschnitten.» «Na, dann ist gut», sagt der Meister. Obwohl es Heiligabend ist, hämmern sie und sägen bis zum späten Nachmittag. Auf dem Dorf gibt es kein Bestattungsinstitut. Der Tischler ist für alles zuständig. Nicht nur für das Anfertigen des Totenschreins, nein, auch Einsargen und Leichentransport gehören zum Geschäft. Der lange Schmidtpeter war in der letzten Adventswoche gestorben, und der Pfarrer hatte den Tag nach Weihnachten für die Beerdigung festgesetzt.

Erst am zweiten Feiertag ist der Lack endlich trocken. Der Meister und Heini machen sich mit dem Sarg auf den Weg zum Trauerhaus. Als sie dort ankommen, schickt sie Schmidtpeters Witwe hoch in die obere Stube. Sie steigen die krumme Treppe in dem alten Fachwerkhaus hinauf und schauen nach. Da liegt der Tote kalt und bleich im Sterbebett. «Ist er wirklich mausetot, Meister?» fragt Heini. «Na klar, der ist weg», sagt Konrad. «Und wo ist dann jetzt seine Seele?» will Heini wissen. «Was weiß denn ich? Irgendwo wird sie hier noch herumgeistern», bekommt er zur Antwort. Sie brauchen den toten Schmidtpeter nicht umzukleiden. Die Angehörigen haben ihm schon seinen Sonntagsanzug angezogen. So ist es der Brauch in Oberhessen. Die beiden gehen wieder hinunter und versuchen, den übergroßen Sarg die Stiege hochzuschaffen. Er geht aber nicht durch die Treppenkrümmung, weder hochkant noch schräg. «Dann wird er unten eingesargt», bestimmt Meister Konrad. «Heini, du trägst am leichten Kopfende, und ich gehe mit den Beinen voran.»

So machen sie es. Heini ist nicht ganz wohl zumute. Zum ersten Mal im Leben muß er eine Leiche tragen. Als sie am Treppenabsatz sind, wird der tote Schmidtpeter etwas zusammengedrückt. Bei jeder Treppenstufe entweicht mit dumpfem Röhren ein wenig Luft aus der Leiche. Ob aus Mund, Nase oder am unteren Körperende, das kann keiner sagen. Es klingt so, als wenn Schmidtpeters Geist etwas gemurmelt hätte. Heini glaubt zu verstehen: «Oh, oh, laß mich doch los», oder so etwas Ähnliches. Er läßt vor Schreck den Kopf los, und der Meister poltert allein mit der Leiche von Stufe zu Stufe. Heini nimmt Reißaus, stößt dabei den Meister zu Boden und flieht durch die offene Haustür ins Freie. Meister Konrad liegt ganz unten an der letzten Stufe unter dem toten Schmidtpeter. Er steht auf und versucht, ihn allein in den Sarg zu heben. Er schafft es nicht. Schließlich wird Nachbar Hanjörg geholt. Der hilft beim Einsargen. Lehrling Heini bleibt verschwunden. Niemals mehr hat er eine Leiche angefaßt oder einen Sarg gezimmert oder gar an Weihnachten gearbeitet. Er wechselte die Lehrstelle und wird Bauschreiner.

Heimfahrt

Es ist schon einige Jahre her, da bezeichneten es manche Passagiere als Glück, daß einige Fluggesellschaften am Heiligen Abend bis mittags Flüge abfertigten.

Grit Keyser arbeitete als Passage-Agentin am Frankfurter Flughafen und war für den Frühdienst, der um sechs Uhr begann, eingeteilt. Ihr Dienst dauerte am Heiligabend so lange, bis der letzte Flug eingetroffen und seine Fluggäste in Empfang genommen worden waren. Durch die Verspätung eines Fluges aus Übersee streckte sich die Dienstzeit bis in den frühen Nachmittag hinein.

Grit lebte allein in dem kleinen Ort Walldorf, der sehr günstig zu ihrem Arbeitsplatz liegt. Sie fühlte sich wohl am Verkehrsknotenpunkt Deutschlands und fand ihre Arbeit meistens sehr interessant. Aber zu Weihnachten drängte es sie, nach Hause zu fahren und die Feiertage mit ihren Eltern und Geschwistern in Münster zu verbringen. Das war für sie selbstverständlich. Sogar nur für einen Feiertag wäre ihr die Reise nach Münster nicht zu weit gewesen, denn sie konnte und wollte sich Weihnachten ohne Familie nicht vorstellen. Sie dachte an das friedliche, anregende Beisammensein, an die festlich geschmückte Wohnung und freute sich auf ein besonderes Festtagsessen.

Eben hatte sie noch eine Tasse starken Kaffee getrunken, um wieder etwas munterer zu werden. Es stimmte sie froh, an das bevorstehende Wiedersehen mit Mutter, Vater, dem älteren Bruder Simon und der kleinen Schwester Anke zu denken. Ihr Schritt zum Parkplatz beschleunigte sich etwas. Hier stand ihr dunkelblauer, stellenweise angerosteter VW-Käfer mit neuen Winterreifen, die sie sich zu Weihnachten geleistet hatte. Sie wollte umgehend von der Arbeit nach Münster fahren, um Zeit zu sparen, und hatte deshalb gestern abend schon ihre Vorbereitungen für die Reise getroffen und Kleidung und Geschenke rechtzeitig eingepackt. Als sie sich ins Auto setzte, hoffte sie auf wenig Verkehr und trockene Straßen, um so zügiger würde sie ihr Ziel erreichen können.

Es war schon vierzehn Uhr dreißig vorüber, als sie die Autobahn erreichte. Wenn sie drei Stunden für die Fahrt veranschlagte und alles gut lief, könnte sie gerade zur Christmette rechtzeitig eintreffen. Während sie fuhr, dachte sie an vergangene Weihnachtsfeste.

Den Weihnachtsbaum schlug Vater immer ein paar Tage vor Weihnachten im Wald und stellte ihn einen Tag vor Heiligabend in die Wohnstube. Erst am folgenden Vormittag erhielt die Tanne ihr festliches Gewand. Mutter schmückte sie mit Strohsternen, bunten Holzfiguren und meistens mit roten Kerzen. Manchmal steckte sie auch weiße oder honigfarbene Kerzen auf. Welche Farbe wird sie diesmal gewählt haben?

Nachdem Grit dreiundvierzig Kilometer zurückgelegt hatte, wurde es sehr diesig und ziemlich dunkel, so daß sie das Licht anschalten mußte. Grit hing ihren Gedanken nach und stellte sich gerade die wohlige Wärme und den Glanz der Kerzen im Weihnachtszimmer vor, als sie aufschrak, denn auf der Standspur der Autobahn schien eine große, schlanke Erscheinung mit flatterndem Mantel zu schweben, die mit der Hand ein Zeichen gab, als deute sie an: – Fahr nicht so eilig! Laß dir Zeit! –

Grit wunderte sich und fragte sich laut, ob dort wirklich eine Person gestanden hatte oder ob sie etwa ins

Träumen geraten war. Sie rückte sich in ihrem Sitz in aufrechtere Haltung zurecht und nahm sich vor, noch aufmerksamer auf die Geschwindigkeit zu achten und auf keinen Fall schneller zu werden, zumal die Sicht zusehends schlechter wurde und es leicht zu regnen begann.

Noch lag ein weiter Weg vor ihr, und sie mußte sich zusammennehmen, damit die aufkommende Müdigkeit sie nicht mitriß. Sie griff zu dem neben ihr liegenden Apfel und kaute ihn genüßlich.

Die Familie daheim hatte es gut, denn sie konnte für die Feier am Abend Vorbereitungen treffen. Die Eltern und Geschwister würden inzwischen zu Mittag eine Linsensuppe wie in jedem Jahr gegessen haben. Die Obstschale und die Holzschale mit den verschiedenen Nüssen würden hergerichtet sein. Auch der Weihnachtsteller mit den vielen, leckeren Kekssorten, die Mutter regelmäßig in der Vorweihnachtszeit selbst backte, würde schon zum Zulangen auf dem Couchtisch im Wohnzimmer stehen und leicht duften. Durch den geschmückten Weihnachtsbaum, die Figuren der Krippe darunter, Vasen voller Tannengrün und die zahlreichen Kerzen, verteilt im ganzen Raum, würde sich dieser in ein Weihnachtszimmer verwandelt haben.

Noch nicht ganz die Hälfte ihrer Strecke hatte Grit bisher zurückgelegt, als der Regen sich mit einigen Schneeflocken vermischte. Zum Glück waren keine Lastwagen und nur wenige Autos unterwegs, und sie kam trotz der schlechten Sicht und der feuchten Straße sicher voran. Aus dem Autoradio drangen einschmeichelnde Melodien. Eben war sie an einer Autoraststätte vorübergefahren. Da, plötzlich tauchte wieder diese graue Gestalt von vorhin am Straßenrand auf, hielt die Hand zur Faust geballt mit dem Daumen nach oben. Grit meinte Rolf, einen Freund aus ihrem heimatlichen Freundeskreis, erkannt zu haben. Wollte er etwa mitgenommen werden? Grit zweifelte plötzlich an ihrer Wahrnehmungsfähigkeit, fragte sich, ob sie wohl noch bei Verstand sei. Wahrscheinlich war es die Müdigkeit, die ihr zu schaffen machte. Sie fuhr an der Gestalt vorbei.

Grit wunderte sich, daß sie gerade auf der Fahrt nach Hause an Rolf Siebert denken mußte. Die große, schlanke Statur dieser merkwürdigen Erscheinung erinnerte sie an ihn. Er war immer so zurückhaltend, manchmal etwas unbeholfen. Nur damals, als er die ganze Gruppe zu sich nach Hause eingeladen hatte, wurde er richtig gelöst und unterhaltsam. Es machte ihm Spaß, den anderen das Bogenschießen beizubringen. Als Lehrmeister zeigte er eine erstaunliche Ausdauer. Er bewohnte mit seinen Eltern mitten in der Stadt ein repräsentatives Haus, das von einem herrlichen Garten umgeben war. Zu gerne würde Grit ihre Freunde wiedersehen, von denen die meisten vermutlich die Feiertage auch in Münster verbringen würden.

Inzwischen wirbelten die Schneeflocken immer dicker und verdrängten den Regen. Es entwickelte sich ein richtiges Schneetreiben, und damit wurde die Sicht noch schlechter. Grit verminderte die Fahrgeschwindigkeit, versuchte mit starrem Blick die Schneeflockenwand zu durchdringen, so daß die Augen schmerzten. Mittlerweile war es so spät geworden, daß sie nicht mehr rechtzeitig in Münster sein würde, um die Christvesper mit ihrer Familie zu besuchen. Ihre Gedanken eilten ihr voraus: die Eltern und die Geschwister hatten bestimmt schon ihre Mittagsruhe beendet. Sie tranken wohl gerade ihren Tee und probierten das erste Stück vom selbstgebackenen Stollen. Kurze Zeit später würden sie mit dem Gang zur Kirche den Heiligabend einleiten.

Zu gern wäre Grit dabei. Doch sie mußte jetzt erst

dem scheußlichen Wetter trotzen und sehr aufmerksam fahren, um heil zu Hause anzukommen. Auf der Fahrbahn hatte sich schon eine Schicht Schnee angesammelt. Beim heftigen Bremsen, als ein überholendes Fahrzeug zu knapp einbog, rutschte der Wagen für einen Moment unkontrolliert seitlich weg. Sie empfand eine erschreckende Hilflosigkeit. Sie redete leise auf sich ein: «Nur ganz ruhig bleiben. Die Hauptsache, ohne Unfall heimkommen!»

Wie erlöst fühlte sie sich, als sie endlich zu Hause eintraf, auch wenn sie niemand empfangen konnte. Sie war heilfroh, es geschafft zu haben. Ihr war zumute, als hätte sie gerade einen Kampf siegreich überstanden. Alle Anspannung fiel wie eine Zentnerlast von ihr ab. Auf einmal war die große Müdigkeit wieder da. Grit hatte nur noch einen Wunsch, zu schlafen.

Nachdem etwa eine halbe Stunde vergangen war, kehrte die Familie zurück. Frau Keyser fand ihre Tochter schlafend auf dem Sofa im Weihnachtszimmer. Sie schlich gleich wieder aus dem Raum, um ihr noch etwas Ruhe zu gönnen. Sie war glücklich, ihre Tochter unversehrt daheim zu wissen, und berichtete strahlend allen anderen Familienmitgliedern von ihrer großen Freude. Für sie war es ein Grund mehr, zu feiern.

Als Grit die Augen aufschlug, fühlte sie sich ausgeruht und hellwach. Sie traf ihre Mutter beim Vorbereiten des Abendessens in der Küche an. Noch nie waren sie sich so erleichtert in die Arme gefallen. Ihr Vater bot gleich seine Hilfe an, mit ihr das Auto zu entladen, und Simon und Anke räumten bereitwillig herumliegende Kleidungsstücke beiseite, damit sie sich daheim etwas behaglich einrichten konnte. Sie legte ihr Uniformkostüm ab und zog eine zartgelbe Seidenbluse mit einem langen schwarzen Rock aus Georgette an.

Kurze Zeit später trafen sich alle Familienmitglieder zur Abendmahlzeit an dem weiß gedeckten Tisch, auf dem das kostbare Geschirr und das Silberbesteck aufgelegt und der mit grünen Kerzen dekoriert war. In den feingeschliffenen Kristallgläsern spiegelte sich wie Sternengefunkel das Kerzenlicht wider.

Während Grit den Krabbencocktail genoß, wurde sie innerlich so ruhig und froh wie lange nicht mehr. Nach einiger Zeit konnte sie auch von ihrer abenteuerlichen Heimfahrt berichten und die Fragen der Eltern und Geschwister beantworten. Sie erzählte von der Erscheinung auf der Autobahn und deren Ähnlichkeit mit Rolf Siebert. Als sie von ihrem Bruder, der auch mit Rolf befreundet war, wissen wollte, wann er ihn zum letzten Mal gesehen habe, wurde es plötzlich ganz still im Raum. Grit schaute verwundert in die Runde. Simon räusperte sich und fragte: «Du weißt wohl noch nicht, daß Rolf nicht mehr lebt? Bei einem Verkehrsunfall vor ein paar Tagen, als der erste Schnee fiel, prallte ein Fahrzeug von der Gegenfahrbahn frontal mit seinem Wagen zusammen. Man konnte Rolf nur noch tot bergen.»

· · · · · · · · · · · · · · · · · · · ·

Schlafe in himmlischer Ruh

Es nieselt. Mit den Regentropfen fallen vereinzelt Schneeflocken auf den nassen Asphalt. Heiligabend.

Wie in jedem Jahr der Tag der Abrechnung. Der Chef hatte in die Zentrale eingeladen. Zu einem ungezwungenen Beisammensein in weihnachtlicher Atmosphäre, wie er es nannte. In Wirklichkeit waren die Leiter der Niederlassungen zum Rechenschaftsbericht zitiert worden. Der Absatz stagnierte überall, keiner hatte ein strahlendes Ergebnis, doch unter den mäßigen Umsatzzahlen waren seine auch noch die schlechtesten. «Da werden wir uns im kommenden Jahr wohl etwas einfallen lassen müssen», hatte sich sein Chef mit spöttischem Lächeln an ihn gewandt. «Entweder schließen wir Ihre Niederlassung, oder Sie müssen sich schon ein bißchen aktiver auf die Hinterbeine stellen!»

Aktiver auf die Hinterbeine stellen! Er arbeitete bis an die Grenze seines Leistungsvermögens. Täglich zehn bis zwölf Stunden, und an arbeitsfreie Wochenenden war bereits seit Monaten nicht mehr zu denken.

Sein Familienleben glich einem Auszug auf Raten. Letzte Woche hatte ihm seine Frau dann weiter zugesetzt: «Wenn du dich nicht ein bißchen mehr um deine Familie kümmerst, kannst du gleich ganz in deiner Firma bleiben. Deine gelegentlichen Besuche bereichern kaum noch unser Familienleben, sie sind eher eine Belastung. Dein Sohn bereitet sich auf seine zweite Ehrenrunde im Gymnasium vor, und unsere Tochter rutscht immer mehr in die Szene ab, von deren Existenz du nicht einmal eine Ahnung hast. So geht es einfach nicht weiter. Ich brauche für mein Leben und die Erziehung der Kinder Beständigkeit und Unterstützung. Du mußt dich entscheiden. Deine Karriere oder wir. Weihnachten können wir über alle Probleme reden, aber wahrscheinlich wirst du dich wieder drücken und deine Arbeit als Entschuldigung vorschieben. Ich kann einfach nicht mehr!»

Karriere, Karriere! Es ist der schlichte Kampf ums Überleben. Wenn seine Niederlassung geschlossen wird, kann er stempeln gehen. Wer zahlt dann die Hypotheken für das Reihenhaus? Wer finanziert die tollen Urlaubsreisen? Wer stattet die Kinder mit bester Markenkleidung aus? Gern würde er weniger arbeiten und sich mehr um seine Familie kümmern, doch er hat keine Wahl.

Das Regen-Schnee-Gemisch wird dichter. Er fährt schnell, konstant links. Ein langsamerer Autofahrer blokkiert seine Spur. Er fährt viel zu dicht auf und scheucht ihn mit der Lichthupe zur Seite. Der Überholte rächt sich mit einer obszönen Geste.

Gleich halb sieben, und noch liegen über zweihundert Kilometer vor ihm. «Vielleicht schaffst du es ja bis zur Bescherung», hatte ihn seine Frau bei seinem Anruf nach der Konferenz beschworen. Dann hätte er allerdings das gemeinsame Mittagessen ausfallen lassen müssen, was von seinem Chef als Provokation ausgelegt worden wäre.

Er nimmt eine Hand vom Lenkrad und fühlt nach der Papiertasche auf dem Beifahrersitz. Ein sündhaft teures Seidennachthemd hat er seiner Frau noch rasch bei Valentino gekauft. Damit wird er sie nicht versöhnlicher stimmen, aber die anstehenden Diskussionen vielleicht um ein paar Stunden hinauszögern können.

Kilometer um Kilometer rollt er gedankenleer über den nassen Asphalt. Da tauchen im Rückspiegel Scheinwerfer eines nachfolgenden Autos auf. Sie nähern sich rasch. Widerwillig macht er die Überholspur frei und läßt das Auto vorbeiziehen. Er wird von einem Mittelklassewagen überholt? Er blickt auf den Tachometer. Hundertzwanzig. Er ist langsamer geworden. Obwohl die Autobahn schon fast leer ist, gelingt es ihm nicht mehr, seinen Schnitt zu halten. Er kann das Gaspedal kaum noch in seiner Position halten. Ständig muß er an die Auseinandersetzungen während der kommenden Weihnachtstage denken. Ein mulmiges Gefühl steigt in ihm auf. Ihm wird schlecht. Er würgt. Zum Mittagessen hatte er sich nur eine kleine Salatplatte bestellt, daran kann er sich den Magen nicht verdorben haben. War es vielleicht die Apfelschorle? Ein vorbeihuschendes Hinweisschild. Noch drei Kilometer bis zur nächsten Raststätte.

Vor ihm die Rücklichter eines Lastwagens. Ein Signalhorn dröhnt. Die roten Rücklichter verschwimmen unter seinen Scheibenwischern. Er nimmt kaum noch einen Gegenstand wahr. Das Rot verblaßt, ein grauer Nebel umgibt ihn, und für Sekundenbruchteile wird er von einem gleißend weißen Licht geblendet.

Konzentriere dich, sonst verpaßt du die Ausfahrt! Noch zweihundert Meter, die Zufahrt ist hell erleuchtet. Er lenkt den Wagen auf den Parkplatz neben der Tankstelle und stellt den Motor ab.

Er steigt aus und betätigt die ferngesteuerte Zentralverriegelung. Ihm ist übel, seine Kräfte scheinen zu schwinden. Gekrümmt schleppt er sich zur Toilette. Er übergibt sich in die Toilettenschüssel, einmal, zweimal, er richtet sich wieder auf und atmet durch. Im Spiegelbild über dem Waschbecken will er seine Kleidung ordnen. Wie blaß er aussieht. Bis vor die eigene Haustür sind es bestimmt noch zwei Stunden.

Er geht zu seinem Wagen zurück. Wieder verspürt er

Brechreiz. Mit zitternden Fingern nimmt er den Autoschlüssel aus der Jackentasche. Doch es gelingt ihm nicht,
den Schlüssel in das Schlüsselloch zu stecken. Er richtet
sich auf, atmet durch, versucht es noch einmal, würgt,
übergibt sich neben das Auto und muß sich abwenden.

Sobald er sich einige Schritte vom Wagen entfernt,
bessert sich sein Befinden. Er wird es jetzt nicht schaffen,
seine Fahrt fortzusetzen. Unschlüssig sieht er sich um und
entdeckt ein werbewirksam blinkendes Motel-Schild direkt neben der Tankstelle. Wenn er sich eine Stunde aus-
ruhte, ginge es ihm bestimmt besser, und auf diese eine
Stunde kommt es jetzt auch nicht mehr an. Er läßt sich in
der Tankstelle den Schlüssel zu einem Zimmer geben,
wankt hinüber und wirft sich auf das Bett.

Aus der Ferne hört er ein leises Geräusch. Ein Klopfen. Zaghaft erst, dann aufdringlicher. Er öffnet die
Augen und starrt an die weiße Decke. Wo ist er? Mit den
Händen tastet er seine Umgebung ab. Er liegt in einem
Bett, einem breiten Bett, rotes Licht blinkt gegen die
Decke, es klopft wieder. Mühsam dreht er sich auf die
Seite. Das Motel! Er wollte sich höchstens eine Stunde
ausruhen. Benommen rutscht er an die Bettkante und
richtet sich mühsam auf. Geistesabwesend starrt er vor
sich hin. Es pocht gegen die Fensterscheibe. Er blickt auf
seine Armbanduhr. Die Zeiger stehen auf zehn Minuten
vor sieben. Vor dem Fenster der Kopf einer Frau, die ihn
mit Klopfen und Winken auf sich aufmerksam zu machen sucht.

Er wankt ans Fenster, die Griffe sind nicht zu öffnen.
Mit einer Kopfbewegung weist er zur Eingangstür, quält
sich hinüber und macht auf. Vor ihm steht eine junge
Frau in Jeans, durchnäßtem Anorak und derben Schuhen.
«Könnte ich mich ein paar Minuten bei Ihnen aufwär-
men?» fragt sie mit bibbernder Stimme. «Die Tankstelle

ist bereits geschlossen, und Autos halten jetzt bestimmt nicht mehr.»

Er bemerkt ein Pappschild mit der Aufschrift Basel in ihrer Hand. Wortlos dreht er sich um, geht zum Bett zurück und läßt sich rückwärts auf die Bettdecke fallen.

«Ich wollte in die Schweiz», bringt sich der strähnige Rotschopf in sein Blickfeld. «Da steigt Heiligabend immer eine wahnsinnig geile Techno-Fete.»

«Mach bitte die Tür zu!» murmelt er erschöpft.

«Mit Sex läuft bei mir aber nichts!» stellt die Frau klar und betrachtet ihn prüfend.

«Bei mir auch nicht», lacht er bitter auf und wendet sich ab.

Sie geht zur Tür, schließt sie und stellt ihren Rucksack griffbereit gegen den Rahmen. Dann sieht sie sich im Zimmer um, entdeckt den Heizkörper, setzt sich auf den Fußboden und lehnt sich mit dem Rücken so breit wie möglich gegen die wärmenden Rippen.

«Ich wollte mich mit Freunden am Autobahnkreuz treffen. Doch zweimal mußte ich den Wagen wechseln, weil mir so alte Säcke von Autofahrern an die Wäsche wollten. Da hab ich den Anschluß verpaßt und hocke nun seit Stunden an dieser gottverlassenen Tankstelle.»

«Bitte nicht reden!»

«Ich hab gedacht, ich müßte dir etwas von mir erzählen, wegen dem Vertrauen und so.» Sie sieht sich im Zimmer um.

«Schöne Bescherung», mault sie und rückt noch enger an den Heizkörper. An der gegenüberliegenden Tür bleibt ihr Blick hängen. «Eine Badewanne mit heißem Wasser gibt's hier wohl nicht?»

«Sieh doch nach!»

Sie springt auf ihre Füße, geht hinüber und öffnet die Tür.

«Eine Dusche! Kann ich die benutzen? Ich zahl auch das warme Wasser!» Ihre schmalen Finger beginnen, in den engen Taschen ihrer Jeans zu kramen.

«Laß bloß dein Geld stecken!»

Sie verschwindet hinter der Tür, und bald darauf hört er das gleichmäßige Rauschen des Wassers. Ihm fallen wieder die Augen zu, bereits im Einschlafen hört er ihre junge Stimme schräg singen: Vom Himmel hoch, da komm ich her.

Mit letzter Kraft versucht er, in die Wirklichkeit zurückzufinden. Er muß noch anrufen. Zu Hause wird man sich Sorgen machen. Er will aufwachen, doch seine Lider sind bleischwer. Schließlich überläßt er sich der Müdigkeit und schläft vollends ein.

«Wie kannst du pennen und eine Fremde mit Geld, Kreditkarten und Autopapieren allein lassen? Das ist doch sonst bestimmt nicht deine Art?»

Von weit her dringt eine Stimme in sein Bewußtsein. Ein heller, klarer Klang, der ihm unbekannt und vertraut zugleich erscheint.

«Aber keine Bange, ich hab nichts angerührt!»

Ohne sich zu bewegen, öffnet er die Augen. Vor ihm steht eine junge Frau, die er nicht einordnen kann. Sie hat ein Badelaken um den Körper geschlungen, rubbelt ihr langes blondes Haar mit einem Zipfel des Lakens ab und hüpft dazu mit schräggelegtem Kopf auf einem Bein.

«Zur Weihnachtszeit laufe ich nur mit getönten Haaren herum, weil sonst die Kinder mit Fingern auf mich zeigen: Mutti, ist das ein richtiger Engel? Dieses blöde Gelaber ist mir schon zur Schulzeit auf den Keks gegangen.»

Ach so, die Anhalterin!

«Irgendwie siehst du geschafft aus», stellt sie fest und

setzt sich zu ihm auf die Bettkante. «Du hast in der letzten Zeit wohl viel gearbeitet?»

Fast unmerklich bewegt er den Kopf. Er muß zu Hause anrufen!

«Streß? Mit dem Chef? Auch mit der Familie? Streng dich bloß nicht an, ich kann es in deinen Augen lesen. Hast du vielleicht etwas anzuziehen für mich?» Ohne eine Antwort abzuwarten, steht sie auf und geht zu dem Einbauschrank hinüber. Sie öffnet die beiden Türen und findet einen blaßblauen Bademantel am Kleiderhaken. «Ein bißchen verschlissen, sonst hätte ihn die Putzfrau längst mitgenommen», stellt sie fest, «aber immer noch besser als nichts.»

Er muß so schnell wie möglich an ein Telefon kommen.

Die Anhalterin zieht den Bademantel über und läßt das Badelaken zu Boden gleiten.

Er rutscht an die Bettkante, stellt sich auf die Füße und wankt in Richtung Tür.

«Keinen Sex, hatten wir ausgemacht!» wehrt sie ab.

Er lächelt matt. «Ich will meine Frau anrufen!»

«Das hat noch Zeit», entscheidet sie bestimmt, faßt ihn am Arm und führt ihn zum Bett zurück. «Bisher warst du immer für die anderen da, jetzt denk mal an dich!»

Er hat keine Kraft mehr, sich zu wehren. Ohne Widerstand läßt er sich von ihr zurück aufs Bett legen. Sie zieht ihm Schuhe und Hose aus, löst die Krawatte und öffnet die oberen Knöpfe seines Hemdes. Dann legt sie sich wie selbstverständlich neben ihn und breitet mit einer weiten Bewegung die weiche weiße Schlafdecke über beide Körper. «Du kannst dich entspannen», verspricht sie ihm wie aus der Ferne, «ich werde deinen Schlaf bewachen!»

Er schläft, erwacht, schläft wieder ein, hört Stimmen,

Geräusche, will sich orientieren und fällt zurück ins Nichts.

Schließlich kann er sich doch aus seinen Träumen lösen und erwacht. Er fühlt sich ausgeruht, leicht und beschwingt. Energisch erhebt er sich aus dem Bett und schaut auf seine Armbanduhr. Zehn vor sieben! Der erste Weihnachtstag! Seine Familie wartet noch immer auf ein Lebenszeichen. Er geht ins Bad, spritzt sich Wasser ins Gesicht und sucht blind nach einem Handtuch.

Zurück im Zimmer findet er ein feuchtes Badelaken, das achtlos über eine Stuhllehne geworfen wurde. Er trocknet sich nachlässig ab und zieht sich rasch an. Bevor er das Zimmer verläßt, tastet er nach Brieftasche und Portemonnaie in seiner Jacke. Die Autoschlüssel sind herausgerutscht und liegen vor dem Stuhl. Er hebt sie auf, sieht sich noch einmal im Zimmer um, muß über das Pappschild Basel neben der Tür lächeln und geht hinaus.

Wie an einem gewöhnlichen Werktag sind alle Zapfsäulen der Tankstelle mehrfach besetzt. Er schiebt die Tür zum gläsernen Verkaufsraum auf und schaut sich nach einem Telefon um. Plötzlich hält er in der Bewegung inne. Langsam dreht er sich zu dem Zeitungsständer neben der Tür zurück. Wenn Zeitungen erschienen sind, müssen die Feiertage bereits vorüber sein.

Er überfliegt die Titelmeldung eines Boulevardblatts: Weihnachtstragödie! Tränen statt strahlender Kinderaugen! Während die Familie ihre Geschenke auspackte, fuhr der Vater in den Tod.

Er nimmt ein Exemplar der Zeitung aus dem Ständer. Ein Mann starb am Heiligabend kurz vor sieben auf der Autobahn, liest er. Aus ungeklärter Ursache geriet er mit seinem Wagen unter einen LKW. Beim Eintreffen des Rettungswagens war er bereits tot.

Auf dem unscharfen Foto ist ein völlig demoliertes

Autowrack zu sehen. Er hält die Zeitung ins Licht der Neonröhren. Es könnte fast das Kennzeichen seines Wagens sein. Die Buchstaben stimmen überein, sogar die ersten beiden Ziffern. Die weiteren Zahlen sind verdeckt. Sein Blick bleibt an dem halb herausgerissenen Beifahrersitz hängen. An einer herausgesprungenen Spiralfeder hängt eine Papiertasche, die deutlich lesbar die Aufschrift Valentino trägt.

Er weicht zurück, versucht sich zu erinnern. Doch sein Kopf will ihm nicht in die Vergangenheit folgen. Ihm wird ganz beschwingt zumute. Er lächelt. In einem plötzlichen Entschluß zieht er seine Brieftasche aus der Jacke, legt Portemonnaie und Autoschlüssel dazu und wirft alles zusammen in einen Abfallkorb. Dann tritt er durch die Glastür ins Freie und geht leichten Schritts über den Parkplatz davon.

· · · · · · · · · · · · · · · · · · · ·

KEIN WEISSER WEIHNACHTSBAUM

Die Tafel ist festlich geschmückt, Mutter, Schwester und Bruder sind als Gäste gekommen. Es gibt Braten und dazu einen leichten, trockenen Rheingauer aus den kostbaren, alten Römern, die bei Dir nie aus dem Biedermeierschrank genommen, geschweige denn benutzt werden durften. Auch die Krippe mit all dem ursprünglich nicht dazugehörenden, aber im Laufe der Jahre hinzugekommenen, herzerwärmenden Kitsch ist aufgebaut. Sogar der Schwan aus zusammengeknülltem Silberpapier, den Du immer weggenommen hast, schwimmt wieder auf seinem Spiegelscherben-Teich neben dem Pußta-Ziehbrunnen aus dem Kaufhaus.

Natürlich hast Du recht, diese Dinge passen nicht zu der einfachen, geschnitzten Krippe aus dem Erzgebirge, die Dein Schwiegervater Euch in den 30er Jahren zur Hochzeit schenkte. Aber heute, an Weihnachten, sind wir alle wieder wie Kinder, und für uns gehört das in Jahren Angesammelte einfach dazu, ob es stilistisch paßt oder nicht und ob es Dir recht ist oder nicht.

So wie heute hast Du Dir das Weihnachtsfest der Familie sicher nicht vorgestellt, hast es Dir auch gar nicht so vorstellen wollen. Du wußtest ja ganz genau, wie es zu sein hatte. Aber durch Deine starrsinnig-rigorose Haltung hast Du Dich vieler beglückender Erfahrungen beraubt. Erst jetzt, so viele Jahre nach Deinem Tod, wird uns klar, wie sehr Du uns alle, Mutter und Deine Kinder, an unserer Entwicklung gehindert, wie sehr Du sogar auf unser Denken eingewirkt und es eingeengt hast. Noch immer haben wir, bei der einen oder anderen Übertretung Deiner zahllosen Ge- und Verbote, zuerst ein schlechtes Gewissen, ehe wir über unseren – und Deinen – Schatten springen können.

Der Christbaum trägt heute rote Kugeln und rote Kerzen, voriges Jahr waren es goldene Kugeln und gelbe Kerzen. Du hast Veränderungen nie leiden mögen. Solange ich, notgedrungen, *meine Füße noch unter Deinen Tisch strecken mußte*, durfte der Baum nur in Weiß geschmückt werden. Nur ein *weißer Baum* war in Deinen Augen ein *richtiger Weihnachtsbaum*. Alle Versuche Deiner Frau und Deiner erwachsenen Kinder, diesen Brauch auch nur ein einziges Mal zu durchbrechen, hast Du zu vereiteln gewußt, und wir haben immer klein beigegeben, aus Furcht, Du könntest den angedrohten Herzanfall bekommen. Denn eine Störung *des Festes der Liebe* wäre dann *unsere* Schuld gewesen. Du warst überzeugt, ein Vater, und noch dazu ein Doktor, müsse wissen, *wo's langgeht*. Unsere Schüchternheit in der Schule, Resultat Deiner Erziehung, wolltest Du mit Schauspielunterricht beheben lassen, und unsere Kritiklosigkeit hast Du uns als Dummheit ausgelegt, ohne zu merken, daß Du, der Du Kritik zu Hause nicht zulassen konntest, unser Schweigen erst verursacht hast.

Heute aber ist alles anders. Ich trage eine braune Bluse, Mutter einen braunen Rock, beides an sich nicht ungewöhnlich, für uns aber bedeutet es die große Freiheit. Wir haben uns endlich von Deinen Vorschriften gelöst. Die Farbe Braun in unserer Kleidung war verboten. Du hattest im Dritten Reich mit ihr schlechte Erfahrungen gemacht und wolltest sie zu Hause nicht mehr sehen. Ob sie *uns* gefallen hätte, danach hast Du nie gefragt.

Und es gibt Braten, Klöße und Wein, statt des Kartoffelsalats und des Bieres, die bei Dir am Heiligen Abend immer auf den Tisch kommen mußten. Dein Wahlspruch war: *quod licet Jovi non licet bovi*, zu Deutsch: Was dem Jupiter erlaubt ist, ist den Ochsen (noch lange) nicht erlaubt. Wir Kinder, in Unkenntnis der lateinischen Worte, haben mancher Auseinandersetzung mit Dir von vornherein die Spitze zu nehmen versucht, indem wir wie einen Zauberspruch *nobitzibobis* murmelten. Aber ein Lächeln hat Dir das nie entlockt. Mit diesem Spruch und der darin ausgedrückten Haltung hast Du, ganz sicher ohne es zu wollen, die tiefe Kluft zwischen Dir, Deiner Frau und Deinen Kindern beschrieben, hast Dich selbst in den Himmel gehoben und Deinen nächsten Angehörigen einen Platz unter dem Vieh zugewiesen. Daß diese Selbstüberschätzung aus Unsicherheit geboren war, weiß ich erst heute, und daß Du als Kind nicht erlebt hast, wie sich ein Vater benimmt, weil Deiner schon starb, ehe Du drei Jahre alt warst, läßt mich heute weniger wütend als mitleidig auf Dein Leben schauen. Du hast es uns arg schwer gemacht, aber vielleicht sind wir irgendwann einmal soweit, auch einen weißen Weihnachtsbaum zu schmücken, und vielleicht gibt es dann auch Kartoffelsalat und Bier.

Maria Zierold

· · · · · · · · · · · · · · · · · · · ·

Weihnachten in den Bäumen

Tagebucheintragung vom 23. Dezember 1995:

Ich habe beschlossen, heute ein Tagebuch zu beginnen. Eigentlich kein richtiges Tagebuch mit täglichen Eintragungen aus dem Alltag, die nur langweilig sein können, sondern eines, das besondere Ereignisse festhält. Und welches Ereignis wäre aufschreibenswerter als das vom Heiligen Abend des Vorjahres:

Ich bin am Heiligen Abend – das heißt eigentlich an allen Feiertagen – immer allein. Ich weiß nicht mehr, seit wieviel Jahren. Es hat sich einfach so entwickelt. Meine Verwandten leben nicht hier, und ich habe auch wenig Kontakt mit ihnen. Ich bin nicht verheiratet und habe auch keinen ständigen Partner, wie man das heute wohl nennt. Meine Freundinnen und Freunde – ich habe durchaus ein gesellschaftlich befriedigendes Leben – behaupten immer, daß ich selbst daran schuld sei. Wahrscheinlich halten sie mich für zu anspruchsvoll:

Ich habe allerdings auch einen gravierenden Fehler: Ich lese! Und das nicht zu knapp! So bestehen die vier Wände meines Wohnzimmers mit Ausnahme der Fenster und Türen aus Büchern. Und es werden immer mehr. Ich ertappe mich auch oft dabei, in Gedanken viele Romane, eigentlich sollte ich besser sagen Geschichten, fortzusetzen. Ich weiß, daß die Menschen in der Bücherwelt ihr eigenes Leben weiterleben nach der Auflösung des Knotens.

Aber ich schweife ab, es ist eben doch einfacher, zu erzählen als zu schreiben.

Jedenfalls: Ich lebe allein und bin am Heiligen Abend immer allein. Es macht mir eigentlich nichts aus, denn ich leiste mir immer ein ganz besonderes Buch, das ich an diesem Tag lese. Ich sitze in meinem Wohnzimmer in Gesellschaft meiner Bücher, manchmal mit eingeschaltetem Fernseher, aber immer mit einem Buch, wenn möglich besonders dickleibig, damit ich Stunden um Stunden damit verbringen kann. So war es immer. Bis zum letzten Jahr.

Da war plötzlich Cosimo Piovasco di Rondo in meinem Zimmer, auf die Welt gebracht von Italo Calvino als *Baron auf den Bäumen*. Er befand sich ein wenig über mir, etwa auf halber Zimmerhöhe. Seltsam war, daß ich sozusagen auch auf zwei Ebenen existierte: Ich spürte Luft unter meinen Füßen – wie vermutlich der Baron –, und gleichzeitig sah ich von unten in einen sehr alten Olivenbaum, dessen verschlungene Äste ein malerisches Muster von unregelmäßigen Rhomben bildeten. So konnte sich Cosimo bequem auf einem dicken Ast niederlassen, seine Füße auf einem anderen aufgestützt. Ich bot ihm den für mich vorbereiteten weihnachtlichen Imbiß an, den er mit Genuß verspeiste, wobei er sich über das moderne Geschirr amüsierte, das ihm anscheinend zu schmucklos erschien. Besonders erfreut war er über die Frische der Speisen, die fremdländischen Gewürze und das Eis zum Nachtisch.

Natürlich ist es unglaublich, aber es ist trotzdem wahr. Ich hatte Gelegenheit, mich mit Cosimo ausführlich zu unterhalten, auch über Dinge, die mich betreffen. Wir haben geredet, geschwiegen und uns an der Gesellschaft des anderen erfreut, vom Einbruch der Dunkelheit bis Mitternacht des Heiligen Abends 1994.

Ich habe seither viel nachgedacht und über ähnliche Ereignisse nachgelesen. Ich kann im nachhinein nicht mehr sagen, wie der Baron auftauchte, der ganze Unsinn von Ektoplasma zum Beispiel manifestierte sich natürlich nicht, oder daß er im Mondlicht erschien oder mit Dampf und Donner. Er war einfach da und blieb bis Mitternacht.

Es war der interessanteste und schönste Abend, den ich je erlebt habe. Ich habe Bäume rauschen hören, den Geruch von Sommerwind und Staub in der Nase, aber was mir am klarsten in Erinnerung geblieben ist, war das Gefühl, mich in rasender Geschwindigkeit wie ein Sturm durch die Luft zu bewegen – und doch gleichzeitig an derselben Stelle zu bleiben. Ich habe sozusagen auf einmal alles gefühlt, was man fühlen kann.

Nun warte ich darauf, wer morgen erscheinen wird. Denn daß ich einen Gast erwarten darf, weiß ich, woher, kann ich nicht sagen. Ich weiß es eben.

Ob ich es beeinflussen kann? Vielleicht kann ich – wenn ich mich konzentriere – alles wiederholen, was ich beim Lesen erlebt habe? Vielleicht möchte ich deshalb so oft allein mit meinen Büchern sein? Denn wer kann von sich schon behaupten, daß er so viele Dinge gesehen, so viele Leben gelebt, so viele besondere Menschen kennengelernt, so viele wunderbare Gespräche geführt hat, wie jemand, der Bücher liest.

Solange ich mich erinnern kann, das heißt, solange ich lesen kann, habe ich in meinen Geschichten gelebt. Es war keine Flucht vor der Wirklichkeit, im Gegenteil, ich habe als Kind immer erwartet, daß sich auch in meinem wirklichen Leben all diese Dinge ereignen werden, von denen ich gelesen hatte; daß ich wissen werde, was die Menschen rund um mich herum fühlen, denken und tun; ich habe auf wunderbare Dinge gewartet.

Vor mir sind Bücher aufgereiht, die mir etwas bedeuten:

Der *Baron auf den Bäumen* gehört dazu. Vielleicht kommt morgen der *Maler von Peking*? Oder *McKenzies Koch*? Oder die Frau hinter der von Marlen Haushofer geschaffenen *Wand*? Die *Mitternachtskinder*? Oder die Leute vom *Hotel New Hampshire*?

Ich habe bisher den Heiligen Abend hingenommen wie jeden Abend eben. Aber nun freue ich mich auf Weihnachten, schon das ganze Jahr über.

Ich kann es kaum erwarten.

Zu diesem Buch

Seit vielen Jahren sammle ich die «Weihnachtsgeschichten am Kamin», gerade sind bei Rowohlt der 13. Band und eine Auswahl der schönsten Weihnachtsgeschichten erschienen. Und dabei bin ich natürlich immer auf die Zuschriften meiner Leserinnen und Leser angewiesen. Als ich im März 1997 allerdings sechsundzwanzig Geschichten auf einen Schlag erhielt, da wußte ich im ersten Moment nicht, ob ich lachen oder weinen sollte. Stellen Sie sich vor, Sie erhalten Post von fünfhundert lieben Menschen ... und jeder bietet Ihnen zwei Dutzend Geschichten an. Im Geiste sah ich meine ohnehin schon knapp bemessene Freizeit gegen Null schrumpfen.

Doch mit den sechsundzwanzig Geschichten, die von Vera Pagin eingeschickt worden waren, hatte es eine besondere Bewandtnis. Es waren Weihnachtsgeschichten der etwas anderen Art: «Und es gab einmal einen Heiligen Abend, an dem ein Gespenst auftauchte.» Ein wunderbares Thema, fand und finde ich noch immer, ein Thema, das allemal einen eigenen Band wert war.

Und so kam es dazu, daß Sie heute dieses Buch in den Händen halten. Mögen Ihnen bei der Lektüre dieser wunderbaren weihnachtlichen Gespenstergeschichten wohlige Schauer den Rücken hinunterlaufen.

Wenn Sie, liebe Leser, liebe Autoren, speziell für das Jahr 2000 etwas erzählen wollen – Gedanken zur Vergangenheit, Wünsche für die Zukunft –, dann schreiben Sie uns. Außerdem würden wir gern ein Buch mit aus-

schließlich ostpreußischen Weihnachtsgeschichten her-
ausbringen. Vielleicht möchten Sie oder einer Ihrer Bekannten in einem der nächsten Rowohlt Taschenbücher
Ihre Weihnachtserlebnisse nachlesen. Zusendungen bitte
an: *Ursula Richter, Postfach 60 55 64, 22250 Hamburg.**
Ein fröhliches Weihnachtsfest wünscht Ihnen

Ursula Richter

---

* Wir freuen uns über eingesandte Manuskripte, können jedoch weder
für sie haften noch in jedem Falle Korrespondenz führen. Eine Rück-
sendung erfolgt nur auf ausdrücklichen Wunsch und wenn ein ausreichend frankierter Rückumschlag beigefügt ist. Andernfalls sammeln
wir die Manuskripte für eine eventuelle spätere Veröffentlichung, die
allerdings nicht garantiert werden kann.

Inhaltsverzeichnis

Das Weihnachtsfest hat für den einzelnen und für jede Familie eine eigene Bedeutung und Geschichte, geprägt durch Erinnerungen und Traditionen, die von Generation zu Generation weitergegeben werden. Die Geschichten der vorliegenden Bände laden ein zum Lesen und Vorlesen und regen dazu an, eigene Geschichten zu erzählen.

Die ehemalige NDR-Redakteurin **Ursula Richter** gibt die «Weihnachtsgeschichten am Kamin» seit über zehn Jahren bei rororo heraus, deren Gesamtauflage bei über einer Million Exemplaren liegt.

Weihnachtsgeschichten am Kamin

Band 1 (rororo 15985)
Band 2 (rororo 12167)
Band 3 (rororo 12393)
Band 4 (rororo 12717)
Band 5 (rororo 12861)
Band 6 (rororo 13021)
Band 7 (rororo 13262)
Band 8 (rororo 13427)
Band 9 (rororo 13541)
Band 10 (rororo 13697)
Band 11 (rororo 13976)
Band 12 (rororo 22266)
Band 13 (rororo 22417)

Gespenstische Weihnachtsgeschichten am Kamin

Gesammelt von Vera Pagin und Ursula Richter
(rororo 22437)
Was wäre, wenn am Heiligen Abend nicht das Christkind käme, sondern ein Gespenst? Der vorliegende Band enhält lauter schaurigschöne weihnachtliche Spukgeschichten.

DIE SCHÖNSTEN WEIHNACHTS GESCHICHTEN AM KAMIN
Gesammelt von Ursula Richter

Die schönsten Weihnachtsgeschichten am Kamin *Eine Auswahl der schönsten Geschichten aus Band 1 - 12*
(rororo 22436)

Ursula Richter / Dorothee von Tiedemann (Hg.)
Weihnachtsgeschichten am Kamin erzählt von Prominenten
256 Seiten. Gebunden. Wunderlich
Ein Buch, das unbedingt unter den Tannenbaum gehört. Mit Geschichten von Dagmar Berghoff, Gert Haucke, Alida Gundlach, Monika Peitsch und vielen mehr.
Vom Erlös eines jeden verkauften Exemplars gehen zwei Mark an das Kinderhilfswerk Plan International.